내가 가장 좋아하는 저자 중 한 명인 카일 아이들먼이 또다시 해냈다! 혹시 바라던 일이 이루어지지 않아 낙심했는가? 지칠 대로 지쳤는데 그 이유를 모르겠는가?《삶이 뜻대로 안 될 때》에서 아이들먼은 무엇이 통하지 않는지, 그리고 통하는 유일한 방법은 무엇인지를 이해하는 데 도움이 되는 질문들을 제시한다. 그는 예수님이야말로 우리에게 가장 필요한 분이라는 사실을 상기시키며 우리를 그분과의 더 깊은 연결로 이끈다.

조나단 포클루다_ 해리스크릭교회(Harris Creek Baptist Church) 담임목사

불안과 낙심, 계속된 근심 속에서 우리에게 절실히 필요한 것은 생산성을 높이기 위한 새로운 전략이 아니다. 그 상황은 전능자와의 더 깊은 친밀함으로 부르는 초대다. 은혜와 진리를 아름답게 버무린 이 책을 우리에게 선물한 카일 아이들먼에게 깊은 고마움을 전한다!

벤 스튜어트_ 워싱턴 DC 패션시티교회(Passion City Church) 목사

우리는 자신의 삶을 관리하고 감정을 통제하기 위해 무척이나 애쓰고 있다. 하지만 우리의 대응 기제는 상황을 더 악화시킬 따름이다. 삶의 스트레스가 한꺼번에 밀려오면 잘 정돈되었던 우리의 관념이 무너지기 시작한다. 우리는 대응하는 대신 반응하기 시작한다. 연민 대신 분노를 느끼기 시작한다. 공동체에 참여하기보다 고립을 선택한다. 해답은 무엇일까? 예수님과의 더 깊은 관계로 들어가는 것이다. 카일 아이들먼은 삶과 예수님 그리고 그분 안에 더 깊이 거하는 법에 관한 역작을 써냈다. 예수님은 모든 질문에 대한 답이요, 모든 문제에 대한 해법이시다. 이 책은 유머러스하고 쉬우면서도 놀라운 통찰을 담고 있다. 당신도 이 책을 사랑하게 될 것이다.

수지 라슨_ 라디오 토크쇼 진행자,
Closer Than Your Next Breath (당신의 다음 숨보다도 가까이 계신 분) 저자

이 책은 포도나무에 단단히 붙어 있으라고 외치는 목소리다. 솔직해지자. 우리 모두에게 이런 목소리가 필요하다. 카일 아이들먼의 해석이 혁명적이기까지 한 것은 아니다. 하지만 그의 메시지의 투명함은 우리로 하여금 잘못을 인정하고 회개하게 한다. 그는 거드름 피우는 대형교회 목사가 아니라 예수님과 다시 연결되기를 간절히 소망하는 문제 많은 순례자 중 한 명이다. 그를 응원한다.

마크 E. 무어_ 밸리그리스도교회(Christ's Church of the Valley) **교육 목사**

이 책은 필독서가 될 것이다. 이 책에 진정한 만족으로 가는 길이 펼쳐져 있다.

브랜트 핸슨_ *Unoffendable*(화나게 만들 수 없는 사람) **저자**

요한복음 15장에서 예수님은 포도나무와 가지 이미지를 써서 우리가 그분께 얼마나 친밀하게 연결되어야 하는지를 보여 주신다. 내 친구 카일 아이들먼은 《삶이 뜻대로 안 될 때》에서 이 심오한 비유를 쉽게 풀어 주고, 우리가 예수님께 연결되면 왜 목적, 통찰, 자유를 얻는지 설명해 준다.

짐 댈리_ 포커스온더패밀리(Focus on the Family) **회장**

사우스이스트크리스천교회(Southeast Christian Church)
교역자들에게 이 책을 바칩니다.
날마다 복음 안에서 이들을 동역자라 부르며
함께 예수님께 붙어 있는 가지로 살아갈 수 있음이
얼마나 감사한 일인지요!

삶이 뜻대로 안 될 때

지은이 | 카일 아이들먼
옮긴이 | 정성묵
초판 발행 | 2023. 9. 20.
5쇄 발행 | 2025. 3. 31.
등록번호 | 제1988-000080호
등록된 곳 | 서울특별시 용산구 서빙고로65길 38
발행처 | 사단법인 두란노서원
영업부 | 02)2078-3333 FAX | 080-749-3705
출판부 | 02)2078-3330

책값은 뒤표지에 있습니다.
ISBN 978-89-531-4537-5 03230

독자의 의견을 기다립니다.
tpress@duranno.com www.duranno.com

두란노서원은 바울 사도가 3차 전도 여행 때 에베소에서 성령 받은 제자들을 따로 세워 하나님의 말씀으로 양육하던 장소입니다. 사도행전 19장 8-20절의 정신에 따라 첫째 목회자를 돕는 사역과 평신도를 훈련시키는 사역, 둘째 세계선교™와 문서선교단행본·잡지 사역, 셋째 예수문화 및 경배와 찬양 사역, 그리고 가정·상담 사역 등을 감당하고 있습니다. 1980년 12월 22일에 창립된 두란노서원은 주님 오실 때까지 이 사역들을 계속할 것입니다.

삶이 뜻대로
안 될 때 ,

카일 아이들먼 지음

정성묵 옮김

낙심, 피로, 분노,
불안을 끊는
온전한 연결

WHEN YOUR WAY ISN'T WORKING

두란노

part one

아무것도 할 수 없다,
그분을 떠나서는

이 시대 그리스도인이 잃어버린 신앙의 근본

part two

예수 나무에 접붙여지다,
단단히 그리고 온전히

복음으로 삶과 영혼 다듬기

나는 포도나무요 너희는 가지라
그가 내 안에, 내가 그 안에 거하면
사람이 열매를 많이 맺나니
나를 떠나서는
너희가 아무것도 할 수 없음이라.

I am the vine; you are the branches.
If a man remains in me and I in him,
he will bear much fruit;
apart from me you can do nothing.

요한복음 15장 5절 (개역개정, NIV)

part

one

아무것도 할 수 없다,
그분을 떠나서는

이 시대 그리스도인이 잃어버린 신앙의 근본

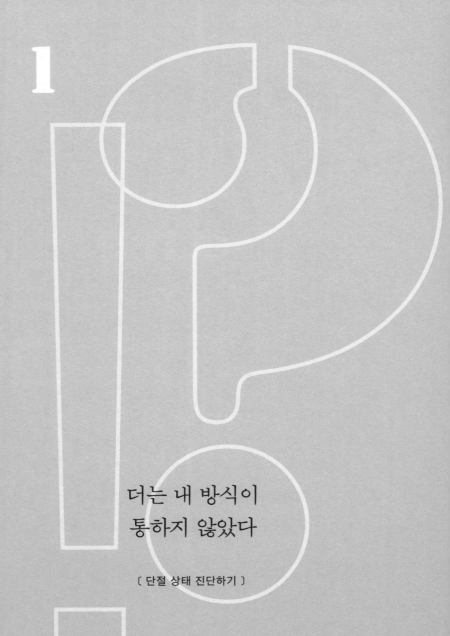

1

더는 내 방식이
통하지 않았다

〔 단절 상태 진단하기 〕

"제 친구 중에 리더십 코치가 있는데 한번 만나 보시겠어요?"

더는 내 방법이 통하지 않는다는 것을 눈치챈 누군가의 제안이었다. 그는 내 기분을 건드리지 않으려고 조심스럽게 운을 뗐다. "요즘 영 목사님답지 않으신 것 같아요." 그 말에 처음 내가 보인 반응은 즉각 부인하고 방어적으로 구는 것이었다. 하지만 속으로는 그의 말이 옳다는 것을 잘 알고 있었다.

원래 나는 쉽게 낙담하는 편이 아니었다. 스트레스를 크게 받거나 불안에 시달린 적도 많지 않았다. 늘 진취적이고 열정적인 편이었다. 좋은 면을 바라보고 긍정적인 시각을 유지하기가 내게는 그다지 어렵지 않았다. 하지만 지난 몇 달간은 정말 힘들었다. 주변 사람들도 내가 힘들어하는 것을 분명히 느꼈다. 그런데 내가 힘들어한다는 그 사실이 나를 더 힘들게 했다.

주변 사람들은 내 상태를 알기 위해 나를 유심히 '살펴야' 했다. 내가 좀처럼 속내를 터놓고 이야기하지 않기 때문이다. 창피한 말이지만 나는 사람들에게 도움을 요청하지 않고 버티는 능력이 정말 뛰어나다. 이 방면에서는 슈퍼맨 저리 가라 할 정도다. 최소한 당신보다는 더 오래 버틸 자신이 있다. 당신이 이 책을 읽고 있다는 것은 적어도 도움을 구할 자세가 되어 있다는 뜻이니까 말이다. 나는 누군가의 도움이 필요한 사람이 아니라, 누군가를 돕는 사람이 되기로 오래전에 마음먹었다. 누가 봐도 구조를 받는 사람보다 구조하는 사람이 훨씬 매력적이지 않은가.

영화 〈스파이더맨〉(Spider-Man)을 보면서 고층 건물 발코니에 대롱대롱 매달린 채 무기력하게 구조나 기다리는 신세를 꿈꾸는 사람은 아무도 없을 테니.

내가 도움을 잘 요청하지 못하는 것은 약한 사람처럼 보이기 싫어서다. 도와 달라는 말이 징징거리는 소리처럼 들릴까 봐 차마 입을 떼지 못한다. 나는 다른 건 몰라도 다 큰 어른, 특히 남자가 징징대는 꼴은 절대 못 보겠다. 심지어 이런 내 생각을 뒷받침해 주는 성경 구절도 찾았다. 예를 들어, 빌립보서 2장 14절이다. "무슨 일이든지, 불평과 시비를 하지 말고 하십시오"(새번역). 예전에는 내 집과 사무실 벽마다 이 글귀를 써서 붙여 놓았다. 나를 다독이기 위해서라기보다 나를 제외한 모든 사람에게 경고하기 위해서였다.

잦은 실패로 좌절감에 빠져 있는가? 삶에 지쳤는가? 더 이상 살아갈 엄두가 나지 않는가? 스트레스로 매일 머리카락이 한 움큼씩 빠지는가? 불안에 시달리는가? 낙심해 있는가? 우울증에 걸렸는가? 그렇다면 내가 할 수 있는 조언은 지극히 간단하다. "그런 감정들은 모두 떨쳐 버리고 눈앞의 상황을 바꾸기 위해 뭐라도 당장 하라!"

이 방법은 적어도 나한테는 아주 잘 통했다. 결국 통하지 않는 상황을 맞기 전까지는 말이다. "징징거리지만 말고 문제를 붙잡고 싸우라!" 이것이 실망스러운 상황을 다루는 그간의 내 방법이었다. 하지만 그 방법이 더 이상 통하지 않는다는 사실을 점점 주변 사람들이 눈치채기 시작했다.

그러다 나 역시 혼자서는 역부족임을 온몸으로 느낄 무렵 '리더십 코치'를 만나 보라는 제안을 받은 것이다. 물론 입 밖으로 도움이 필요하다고 내뱉지는 않았지만 속으로는 분명히 인정하고 있었다.

나중에서야 나를 사랑해서 돈을 받지 않고도 나를 도와줄 사람이 주변에 가득하다는 사실을 깨달았지만, 당시에는 차라리 모르는 사람에게 비용을 지불하고 도움을 받는 편이 안전하다고 생각해 그 리더십 코치와 약속 시간을 잡았다. 줌(zoom)으로 첫 화상 미팅을 시작한 지 몇 분 지나지 않아 나는 리더십 코치의 정체를 간파했다. 나는 마치 형사라도 된 것처럼 순식간에 그의 가면을 벗겼다. "잠깐! 선생님은 상담심리사죠! 나 같은 사람이 거부감이 들까 봐 '리더십 코치'라고 한 거죠?"

그의 정체를 알게 된 나는 그에게 내 감정들을 최대한 설명했다. 그러면서 답답한 심정을 마구 쏟아 내고 말았다. 뜻대로 이루어지지 않는 일들 때문에 답답해 죽을 지경이라고, 무너질 정도까지는 아니지만 사실은 몹시 지쳤다고 고백했다. 솔직히 내가 벌이는 일마다 사람들에게 실망감을 안겨 주는 것 같아 힘들다고 했다. 순식간에 나도 모르게 내 힘든 점들을 정신없이 그에게 털어놓고 있었다.

제가 무얼 하든 사방에서 문제점을 지적하며 이렇게 저렇게 하라고 훈수를 둡니다.

SNS에 무슨 글을 올리든 꼭 개인적인 공격으로 받아들이며 기분 나빠하는 사람이 있어요.

해야 할 일이 너무 많아 무거운 짐처럼 어깨를 짓누르는데 새로운 일이 매일 또다시 더해집니다.

제가 가장 아끼는 사람들에게 내줄 시간도 에너지도 없습니다.

삶이 버거워요. 정신없이 살아가고 있는데, 주변 모든 사람이 이를 눈치채기 시작한 것 같습니다.

모두가 제게서 뭔가를 원하는데 제가 그것을 제대로 해 주지 못해 그들을 실망시키고 있습니다.

난생처음 의욕과 열정이 떨어진 것을 느껴요. 일을 마치고 집에 오면 그저 소파에 누워 휴대폰만 멍하니 보고 싶습니다.

하나님의 은혜를 잘 알기는 하지만 제가 그분을 너무 실망시키고 있는 것 같습니다. 그분이 왜 당장 저를 경기에서 빼고 다른 사람을 투입하지 않는지 모를 지경이에요.

낙심이 됩니다. 그리고 낙심한 사람들을 격려해야 할 제가 낙심해 있다는 사실에 더욱 낙심이 됩니다.

문득 수치심이 밀려왔다. 아내는 약한 부분을 겸손하게 인정한 내가 자랑스럽다고 하겠지만 나는 나약한 모습을 보이며 징징거렸다는 사실이 한심하기만 했다. 물론 어느 시점부터 징징거리는 말투를 짜증 섞인 말투로 바꾸긴 했다. 나는 전에도 종종 너무 힘들어 도움이 필요하다고 솔직히 인정하는 대신 짜증을 냈다. 그 모습을 보고 어떤 이들은 화를 낸다고 말할지도 모르겠지만, 내 기준에서는 차라리 화를 내는 게 징징거리는 것보다는 나아 보였다. 최소한 무기력해 보이지는 않기 때문이었다.

리더십 코치, 아니 상담심리사는 질문을 이어 갔다. 마치 병원에서 내 건강 상태 진단을 위해 문진표를 작성하는 기분이었다. 그는 내 하루 스케줄을 물었다. "잠은 잘 자나요? 규칙적인 생활을 하나요?" 가족과의 관계도 물었다. "아내와 양질의 시간을 보내고 있나요? 자녀와의 관계는 어떤가요?" 주변 인간관계도 물었다. "자주 만나는 친구들은 있나요? 동료들과의 관계는 어떤가요?" 속을 솔직하게 털어놓을 만한 사람이 있는지도 물었다. "누군가에게 도움이나 기도를 부탁해 본 적은 언제인가요?"

나는 슬슬 방어적으로 답하기 시작했다. "아, 그건…… 이제부터 그렇게 하려던 참이었어요."

그러자 그가 이번에는 예수님과의 관계를 물었다. "예수님과 친하다고 느끼나요? 기도하고 성경을 읽는 데 얼마나 많은 시간을 들이고 있나요? 방금 제게 이야기한 것들에 관해 예수님께 아뢰고 있나요?"

이 모든 질문에 솔직하게 답하고 싶었다. 내 삶이 통제 불능 상태라고, 하루하루가 깊은 바다에 빠져 허우적거리는 것만 같다고 말하고 싶었다. 그날 다 해내지 못한 일들이 머릿속에서 끊임없이 맴돌아 밤에 잠을 잘 못 잔다고 말하고 싶었다. 외롭다고, 가장 가까운 사람들을 위한 시간을 내지 못한 지 오래되었다고 말하고 싶었다. 무엇보다⋯⋯ 예수님과 생각만큼 친밀하게 동행하지 못하고 있다고 고백하고 싶었다. 하지만 그렇게 하지 못했다. 오히려 내가 통제할 수 없는 사람과 상황을 탓하기 시작했다.

상담심리사의 질문과 내 답변이 오간 뒤 그는 간단한 질문 하나를 던졌다. "어떤가요? 목사님의 방식이 잘 통하고 있나요?"

"당신의 방법[방식]이 잘 통하고 있나요?"라는 질문을 내가 받게 될 줄이야! 그건 내가 늘 다른 사람들에게 던지던 질문이었다. 교인 상담을 자주 하는 편은 아니지만 상담을 할 때마다 나는 항상 "당신의 방법이 잘 통하고 있나요?"라고 묻곤 했다.

○ 남편에게 제발 좀 바뀌라고 소리 지르는 아내,

　당신의 방법이 잘 통하고 있나요?

○ 일주일 내내 야근을 하는 아버지와 방황하는 사춘기 아들,

　당신의 방법이 잘 통하고 있나요?

○ SNS에 완벽한 삶의 모습을 올리며 모두의 부러움을 사지만

　실상은 우울증에 시달리고 있는 젊은 여성,

나는 모든 것을 가졌지만 여전히 공허함에 시달리는 중년 남성에게 그 질문을 던졌다. 이혼의 상처에서 벗어나려고 발버둥치는 알코올 중독자에게, 겉으로는 완벽해 보이지만 속은 엉망진창으로 변한 삶 때문에 괴로워하는 여성에게, 모든 교인의 비위를 맞추는 것이 자신의 역할이라고 믿는 목사에게, 자기 일에서는 최고지만 자녀에게 어떤 일이 벌어지고 있는지는 전혀 모르는 기업 임원에게 나는 그 질문을 던졌다.

"당신의 방법이 잘 통하고 있나요?"는 이처럼 '본인이 바뀌어야 할 사람들'에게 내가 던지던 질문이었다. 물론 상담심리사는 내게 그 질문을 할 때 내가 다른 이들에게 할 때보다 훨씬 정중하게 물었다. 비꼬는 느낌은 조금도 없었다. 하지만 나는 그 질문을 워낙 많이 해 본 터라 그것이 수사적 질문임을 이미 잘 알고 있었다. 답이 너무나 뻔해서 굳이 말할 필요조차 없었다. 우리 둘 다 지금 내 방법이 통하지 않고 있음을 잘 알았다.

솔직히 내키지는 않지만 앞으로 내 상황을 좀 더 자세히 털어놓을 참이다. 하지만 함께 여행을 시작하는 이 시점에서 먼저 당신에게도 같은 질문을 던지고 싶다.

"당신의 방법이 잘 통하고 있나요?"

이 질문이 너무 두루뭉술하게 들리는가? 그렇다면 좀 더 구체적으로 물어보겠다. 잠시 시간을 내서 다음 질문에 답해 보라.

- 가장 가까운 사람들에게 그들이 말하는 동안 당신이 잘 경청하는지 물어보면 그들은 뭐라고 대답할까?
- 밤에 잠을 이루기가 힘든가? 혼미한 상태로 깨어 있지는 않은가?
- 아침 시간의 처음 15분을 어떻게 사용하는가?
- 밤에 잠들기 전에 마지막으로 하는 것은 무엇인가?
- 가장 최근에 성경을 읽고 묵상한 적은 언제인가?
- 취미 생활에 평균적으로 일주일에 몇 시간을 투자하는가?
- 공과금 납부나 이메일 답장 같은 간단한 일을 자꾸만 잊어버리는가?
- 약속을 잘 지키지 못하는가?
- 지금 읽지 않거나 답장하지 않은 문자 메시지가 얼마나 많은가?
- (부모라면) 자녀를 가르치는 교사들의 이름을 알고 있는가?
- 사람들에게 전에 비해 쉽게 짜증과 화를 내는가? 잘 모르겠다면 주변 사람에게 물어보라. 사람들이 빨리 답하지 않거나 그들의 답이 당신 마음에 들지 않아 짜증이 난다면 답은 뻔하다.
- SNS와 기도 중 어느 것에 더 많은 시간을 사용하는가?
- 가장 최근에 누군가에게 도움을 요청했던 적은 언제인가?
- 몸무게가 좀 늘었는가?

- 지난 7일 동안 운동을 몇 번이나 했는가?
- 요통이나 두통, 소화불량이 심해졌는가?
- 하고 싶은 일을 하며 살라는 말에 너무 바빠서 시간을 낼 수 없다고 답한 적이 얼마나 많은가?
- 한 달에 몇 번이나 섬기는 일에 자원하거나 그런 일을 찾는가?
- 마지막으로 책을 읽은 적이 언제인가? (이 책은 막 읽기 시작했으니 빼고 답하라. 어쨌든 이 책을 읽기 시작한 것은 정말 잘한 일이다)
- 혼자 있고 싶을 때가 점점 많아지는가?
- 당신의 기여와 노력을 사람들이 몰라준다고 느끼는가?
- 스트레스와 압박감을 떨쳐 내기 위해 어디에 가거나 무언가를 하고 있는가?
- 이런 질문들이 얼마나 부담스럽고 짜증나는지 1에서 10점 사이로 점수를 매겨 보라.

상담심리사와의 첫 만남 이후 나는 요한복음 14-17장을 본문으로 한 새 설교 시리즈를 준비하기 시작했다. 해당 본문에는 예수님이 십자가에 달리기 전 가장 가까운 제자들에게 하신 마지막 말씀이 기록되어 있다. 이 부분은 흔히 "고별 설교"라 불린다. 사복음서에는 예수님의 네 가지 설교가 기록되어 있는데 그중에서도 이 설교가 가장 길며, 예수님의 가장 각별하고 개인적인 심정이 담겨 있다. 예수님은 이 땅에서의 시간이 얼마 남지 않았음을 아셨다. 제자들과 함께하는 시간이 끝나기 전에 제자들에게 꼭 당부하시고 싶은 것들이 있었다.

생의 마지막 날이 임박한 사람과 시간을 보내 본 적이 있다면 그때 나누는 말 한마디 한마디가 얼마나 특별한지 알 것이다. 제자들은 이 시간이 예수님과 보내는 마지막 시간인 줄 꿈에도 모르지만 예수님은 곧 어떤 일이 닥칠지 정확히 아신다. 예수님은 제자들이 앞으로 겪을 혼란과 난관, 불안을 아신다. 예수님은 그들이 사명을 받고서 얼마나 버거워할지도 아신다. 예수님은 사람들이 제자들을 오해하고 모함할 것을 아시며, 이에 그들이 쉬이 지치고 낙심할 것을 아신다. 그리고 예수님은 제자들이 그들의 방법대로 하면 실패할 것을 아신다.

그들 방식대로 하면 얼마 못 가 분열하고 다투게 된다. 그들 방식대로 하면 뚜렷한 진전이 나타나지 않아 낙심하고 만다. 자신들의 무능력을 절감하고 모든 것을 그만두고 싶어진다. 뜻대로 되지 않는 모든 일로 인해 극심한 스트레스에 빠진다. 그들 뜻대로 하면 하나님께, 서로서로에게, 무엇보다도 자신에게 분노하게 된다.

이 책 후반부에서 이 고별 설교의 핵심 성경 구절들을 살펴볼 것이다. 지금은 그중 한 구절 요한복음 15장 5절과 함께, 우리의 방법이 통하지 않을 때 어떻게 해야 할지 알아가는 이 여정을 출발해 보자. 앞으로 몇 장에 걸쳐 이 구절의 배경을 자세히 알아볼 것이며, 여기서는 일단 우리의 시선을 확 끄는 부분만 짚고 넘어가겠다.

나는 포도나무요 너희는 가지라 그가 내 안에, 내가 그 안에 거하면 사람이 열매를 많이 맺나니 나를 떠나서는 너희가 아무것도 할 수 없음이라.

"너희가 아무것도 할 수 없음이라"는 우리의 방법이 얼마나 통하지 않는지를 적나라하게 나타내는 표현이다. 우리의 방식대로 온갖 애를 쓰지만 보람이 없다. 아무리 좋은 의도로 꾸준히 노력해도 아무 효과가 없다. "아무것도 할 수 없음이라"라는 표현을 여러 가지 다른 말로 바꿀 수 있다. "아무 소용없어." "난 도무지 운이 없어." "난 가망이 없나 봐." "더 애써 봐야 무슨 의미가 있겠어?" "할 수 있는 건 다 해 봤어."

예수님은 우리의 모든 방법이 통하지 않을 때 무엇에 집중해야 할지 깨닫도록 한 가지 비유(은유)를 들려주시는데, 그 비유의 핵심을 말해 주는 단어는 바로 '연결'이다. 예수님은 자신이 포도나무고 우리는 그 나무의 가지며 우리가 그분께 붙어 있는 한 많은 열매를 맺지만 그분을 떠나서는 그 어떤 방법도 통하지 않는다고 말씀하신다.

예수님이 이 비유를 드실 때 계속해서 등장하는 단어는 '거하다'란 뜻의 헬라어 "메노"다. 이 단어는 요한복음 15장 1-15절에서 열한 차례 등장한다. 앞으로 어떤 일이 벌어져도, 아무리 크게 낙심하고 실망해도, 아무리 상황이 답답해도, 아무리 지쳐도, 어떤 고난이 찾아와도 이 한 가지만은 절대 잊지 말라. "예수님과 연결되어 있으라!"

자신의 방법이 통하지 않을 때는 자신이 포도나무에 잘 붙어 있는지 연결 상태부터 점검하라. 당신은 가지다. 그리고 가지로서의 가장 중요한 역할은 포도나무에 단단히 붙어 있는 것이다.

예수님의 마음이 담긴 은유

예수님은 사람들이 중요한 진리를 잘 이해하도록 머릿속에 생생한 그림이 그려지는 서술 방식과 은유(메타포)를 자주 사용하셨다. 예수님은 제자들에게 세상에서 어떻게 살아야 할지 가르치실 때 숨겨지지 못하는 "산 위에 있는 동네", "세상의 소금", "세상의 빛"이 되라고 말씀하셨다(마 5:13-14). 예수님은 자신을 "생수", "생명의 떡", "선한 목자"로 부르셨다(요 4:10; 6:35; 10:14). 성경은 우리가 교회의 본질과 기능을 쉽게 이해하도록 그리스도의 신부(엡 5:22-23; 계 19:7), "하나님의 집"(딤전 3:15), 그리스도의 몸(고전 12:14; 엡 4:15-16) 같은 이미지를 사용한다.

은유는 기억하기 좋을 뿐 아니라, 청중이 더 깊은 의미를 발견하고 적용할 수 있도록 '복잡한 개념'을 '익숙한 이미지'와 연결시켜 준다.

성경에는 많은 은유가 기록되어 있지만 그중 몇 가지만 '지배적 메타포'(controlling metaphors)라 부를 수 있다. 이는 문학에서 해당 작품 전체를 관통하는 광범위한 은유를 말한다. 지배적 메타포는 모든 바큇살이 연결된 '바퀴의 축'으로 생각할 수 있다 (내가 은유를 설명하기 위해 은유를 사용했다는 사실을 눈치챘다면 대단하다고 말해 주고 싶다). 지배적 메타포는 개념과 대화에서 '닻'이 된다(그렇다. 이번에도 은유를 설명하기 위한 은유다).

당신이 지금 무슨 생각을 하고 있을지 짐작이 간다. '중학교 국어 시간을 떠올려 줘서 고맙지만 이제 그만 다른 이야기로 넘어가죠.' 하지만 이 개념은 대충 넘어가서는 안 되는 중요한 주제다. 우리가 살아가는 삶에서 지배적 메타포를 찾아내면 큰 도움이 된다. 지배적 메타포는 우리에게 공동의 언어, 뚜렷한 방향, 확고한 기초를 제공해 준다.

내가 아는 한 부부는 결혼 생활 20년 만에 파탄 직전까지 이르렀다. 마지막으로 그 부부는 가정 상담사를 찾아갔고, 상담사는 둘의 이야기를 따로 듣고 적은 뒤에 두 이야기를 합쳤다. 첫 상담이 끝나고 상담사가 말했다. "두 분이 서로의 관계를 설명하며 사용한 단어 몇 가지를 읽어 드릴게요."

- "저 여자는 끊임없이 저를 **공격해요**."
- "저 남자는 항상 자신을 **방어하는** 말만 해요."
- "제가 작은 실수 한 번만 해도 곧장 **전쟁에 돌입할 태세**를 취한다니까요."
- "**휴전**을 시도해 봤지만 오래가지 않아요."
- "저 여자는 항상 저를 **공격하기** 위해 **전투 준비 태세**예요."
- "맞아요. 제가 먼저 **공격했어요**. 하지만 그건 **공격받을** 줄 알고서 **선제공격**을 한 것일 뿐이에요."

상담사는 이 부부가 상담 시간에 '싸움'과 관련된 단어를 스물일곱 번 사용했다고 말했다. 상담사는 서로의 관계에 관한 이 부부의 지배적 메타포가 '전쟁'이라고 설명했다. 의도하지는 않았겠지만 전쟁 이미지가 서로의 관계를 기술하기 위해 이 부부가 주로 사용하는 이미지였다. 공격, 갈등, 싸움, 방어, 반대, 다툼. 그들은 이와 같은 렌즈를 통해 배우자를 바라보고 있었다. 지배적인 이미지를 전쟁이 아닌 다른 것으로 바꾸지 않는 한, 그들은 계속해서 서로를 적군으로 대할 수밖에 없었다.

상담사는 부부 관계를 위한 새로운 지배적 메타포가 필요하다고 설명했다. 상담사는 이 부부의 이야기를 듣다가 신혼 초에는 그들이 자주 춤을 추러 갔다는 사실을 발견했다. 그들은 함께 춤 강습을 받았다고 한다. 이에 상담사는 부부 관계의 지배적 메타포를 '싸움'에서 '춤'으로 바꿔 보라고 권했다.

　　나는 이 남편에게서 처음 이 해법에 관해 전해 듣고는 속으로 '그럴듯하게 들리지만 단순히 지배적 메타포를 바꾼다고 뭐가 달라질까?'라는 의구심을 품었다. 시간이 지나 그가 아내와 함께 다시 춤을 배우기 시작했다고 하기에 그래서 뭐가 좀 달라졌느냐고 물었다. 그는 이렇게 답했다. "어려운 결정을 할 때 서로 자신이 주도권을 쥐려 하는 게 문제임을 깨달았어요. 둘 다 항상 서로 자신이 주도하려고 했죠. 하지만 그 방법은 통하지 않았어요. 그래서 요즘은 방어적으로 굴고 싶을 때 재빨리 정신을 차리고서 아내에게 이렇게 말해요. '내가 주도하려 했더니 당신에게 발가락만 밟히고 말았네.' 그러고 나서 함께 나아가기 위한 관계의 리듬을 어떻게 찾을지 의논한답니다."

　　'전쟁' 대신 '춤'이라는 지배적 메타포를 사용하자 이 부부는 완전히 새로운 언어를 얻게 되었다. 이 언어는 결혼 생활에 보다 선명한 명료함과 목적을 부여했고 각자의 역할과 책임을 새로운 눈으로 바라보게 해 주었다.

　　얼마 뒤 나는 이 부부의 가정 상담사와 대화를 나눌 기회가 있었는데, 그는 《삶으로서의 은유》(Metaphors We Live By)를 읽고 나서 자신의 상담 방식이 크게 달라졌다고 했다.[1] 그러면서 사람들이 문제에 대한 새로운 지배적 메타포를 찾으면 새로운 시각을 얻게 된다고 설명했다.

혹시 지배적 메타포에 관해 들어 본 적이 있는가? 그렇다면 십중팔구 문학을 가르치는 교사에게서 시에서 사용하는 '확장된 메타포'(extended metaphors)를 배우면서 함께 들었을 것이다. 에밀리 디킨슨의 시 〈희망은 깃털 달린 것〉(Hope Is the Thing with Feathers)이 좋은 예다. 디킨슨은 은유에 회의적인 사람들을 위해 시가 시작하는 첫 행부터 은유의 위력을 똑똑히 보여 준다. 시의 1연을 읽어 보라.

희망은 깃털 달린 것,
영혼의 횃대에 앉아
무언의 곡조를
끝없이 노래하네.[2]

혹시 대충 후딱 읽고 넘어갔는가? 디킨슨한테는 그래서는 안 된다. 나한테는 그래도 괜찮지만 디킨슨은 제대로 대접받아 마땅하다. 다시 돌아가서 천천히 읽어 보라.

끝없이 노래하는 새는 더없이 강력한 희망의 이미지다. 딸이 중병에 걸려 마음 아파하는 한 노인에 관한 글을 읽은 적이 있다. 그의 낙심은 시간이 갈수록 점점 절망으로 변했다. 그러던 차에 누군가가 그 노인에게 이 시를 알려 주며 희망을 놓지 말라고 말했다. 하루는 노인이 산책을 하다가 풀밭에 떨어진 깃털 몇

개를 보았다. 그는 희망이 끝없이 노래한다는 사실을 기억하기 위해 그 깃털들을 집어 호주머니에 넣었다. "희망을 잃지 마세요." 이런 말도 분명 도움이 되지만, 은유는 힘든 여정 내내 지니고 다닐 수 있는 눈에 보이는 뭔가를 제공한다. 디킨슨의 은유는 그에게 상황을 새롭게 바라보는 시각을 선사했다.

요한복음 15장에 기록된 대화에서 예수님은 제자들에게 바로 이와 같은 일을 해 주셨다. 예수님은 삶이 힘들고 아무런 방법도 통하지 않을 때 붙들 수 있는 뭔가를 주고 싶으셨다. 그래서 길가의 포도나무와 가지를 가리키며 제자들에게 말씀하셨다. "나는 포도나무요 너희는 가지라."

내 사무실의 책상 위에는 포도나무 한 그루가 심긴 화분이 놓여 있다. 흙이 가득한 커다란 화분 속 포도나무와 책상 아래까지 드리운 그 가지들은 나의 주된 역할이 무엇인지를 늘 기억하게 해 주었다. 남편이자 아버지, 친구, 목사로서 나의 가장 중요한 역할은 단연 '가지'가 되는 것이다. 이 역할 하나만 제대로 하면 다른 모든 것이 좀 부족하다 할지라도 그리 큰 문제로 이어지지 않는다. 반면, 이 역할 하나를 제대로 하지 못하면 나머지를 다 잘해도 아무 소용이 없다.

언뜻 "거하라"나 "연결되어 있으라" 같은 말들은 그리 큰 도움이 되지 않는 듯 보인다. 원래 내 스타일은 행동 단계들을 쭉 나열한 뒤 하나씩 해 나가는 것이었다. 그래서 내 방법이 통하지 않을 때 나는 해야 할 일 목록부터 짰다. 나는 내 힘으로 통제하고 망가진 것을 내 노력으로 고치고 싶어 한다. 그냥 붙어 있는 채로만 있는 것은 너무 수동적으로 보인다. 하지만 예수님께 붙어 있기 위해서는 큰 관심과 노력이 필요하다는 사실을 조금씩 배워 가고 있다. 연결은 저절로 이루어지지 않는다.

당신의 방법이 통하지 않고 뭘 어떻게 해야 할지 모르겠다면 일단 그분의 가지가 되라. 예수님께 붙어 있으면 많은 열매를 맺지만 그분을 떠나서는 아무것도 할 수 없다.

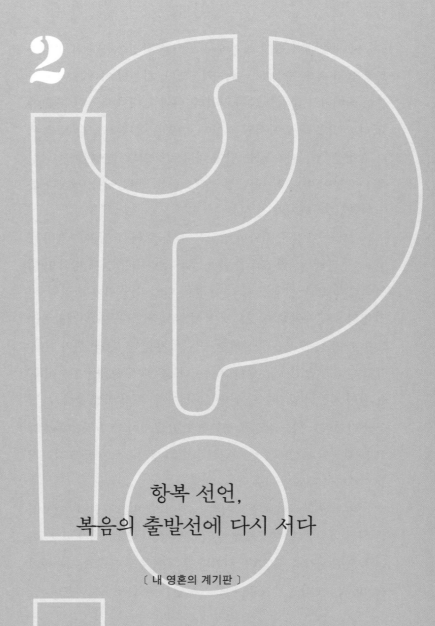

2

항복 선언,
복음의 출발선에 다시 서다

〔 내 영혼의 계기판 〕

아내는 내가 특정 상황에서 느끼는 감정을 정확히 파악하도록 돕기 위해 특별한 노력을 기울였다. 하지만 아내는 내게 기분이 어떠냐고 대놓고 묻지 않았다. 아마도 내가 무조건 "괜찮아요"라고 답할 줄 알아서일 것이다. 변명은 아니지만, 잘 모를 온갖 감정을 "괜찮아요"라는 단어 하나로 통일해서 표현하는 남성은 나뿐만이 아니다. 내 감정 스펙트럼은 "좋다"에서 "괜찮다"를 거쳐 "별로다"까지가 전부다.

아내는 감정을 정확히 알도록 돕기 위해 '감정의 수레바퀴'(Wheel of Emotions)란 도구를 사용했다. 우리 부부는 세 명의 10대 청소년기 딸을 키우는 동안 감정을 다스리기 위해 한동안 이 '감정의 수레바퀴'를 냉장고에 붙여 놓고 지냈다. 이 수레바퀴는 10여 가지 감정 가운데 선택할 수 있게 해 준다. 그냥 "화가 난다"라고 말하지 않고 "거부당한 기분이다" 혹은 "무시당한 기분이다"와 같이 자신의 감정을 구체적으로 파악할 수 있게 해 준다. 특정 순간 자신이 느끼는 감정을 정확히 알면 무엇이 그 감정을 유발하고 그 감정이 자신과 주변 사람들을 어느 방향으로 이끌고 가는지를 이해하는 데 도움이 된다.

"이모션"(emotions; 감정)이라는 영어 단어는 라틴어 "에모베레"에서 비롯했다. 에모베레의 일차적 정의는 '움직이다'이다. 이런 식으로 생각할 수 있다. 뭔가가 우리를 특정 감정으로 움직이게 이끌면 그 감정이 또한 우리를 어딘가로 움직이게 이끈다. 감정은 우리의 과거 속에 무엇이 있었는지를 보여 주며, 우리의 삶이 앞으로 어느 방향으로 갈지에 큰 영향을 미친다. 좋든 싫든 이는 엄연한 현실이다.

지난 몇 년 사이에 나는 개인적으로 그리고 목사로서, 우리의 방법이 통하지 않을 때 흔히 나타나는 감정이 몇 가지 있음을 발견했다. 예수님과 깊이 연결된 채로 살아가지 않을 때 이 특정 감정들이 표면 위로 떠오르기 시작한다.

요한복음 15장 5절의 지배적 메타포로 돌아가 보자. 그 구절에서 예수님은 제자들에게 "나는 포도나무요 너희는 가지라"라고 말씀하셨다. '자신의' 방법대로 하는 사람은 가지가 아니다. 스스로 포도나무가 되려고 하는 사람이다. 그 사람은 자신의 힘과 지혜로 삶을 헤쳐 나가려 하고 자신의 노력으로 열매를 맺으려고 한다. 예수님께 붙어 있어 그분 안에서 필요한 것을 찾으려 하지 않고 자기 안에서 찾으려고 한다. 나중에 살피겠지만 이런 접근법은 결국 통하지 않게 마련이며, 그럴 때 예측 가능한 감정들이 올라온다.

당신이 예수님과의 단절 상태를 더 정확히 진단할 수 있도록 이어지는 장들에서 몇 가지 감정을 다룰 것이다. 자신의 방법대로 하다가 경험하게 되는 감정을 구약성경 인물들의 사례를 통해 살펴볼 것이다. 구약성경에서 이런 사례를 많이 드는 것은 너무도 당연한 일이다. 이런 사례는 우리가 포도나무이신 예수님과 딱 붙어 있도록 도와주기 때문이다. 실제로 구약성경의 주된 목적 중 하나는 우리에게 예수님과의 연결이 필요하며 그런 연결 없이는 우리가 추구하는 모든 방법이 소용없다는 사실을 분명히 보여 주는 것이다.

혹시나 해서 말하지만, 이 책에서 다루는 감정이 전부는 아니다. 이 밖에 다른 감정들에 관해서는 '감정의 수레바퀴'를 참고하기를 바란다.

성경에 나온 사례 외에도 나는 개인적인 경험과 목회 경험을 통해 예수님 안에 거하는 삶을 살지 않을 때 이런 감정이 흔히 나타난다는 사실을 확인했다. 이런 감정은 우리의 방법이 통하지 않고 있음을 보여 주는 하나의 증상이다.

수고한 만큼 결과가 따라오지 않는다면?

'감정의 수레바퀴'를 냉장고에 붙여 놓아야 할 성경 인물 하면 가장 먼저 누가 떠오르는가? 바로 베드로 아닌가? 베드로가 성경에 처음 등장할 때만 해도 베드로는 어부로서 물고기를 잡으며 살고 있었다. 어부들에 관한 편견을 심어 주려는 건 아니지만 내가 볼 때 거친 뱃사람들은 자신의 감정을 잘 모를 때가 많지 않았을까 싶다. 뱃사람 베드로는 자신의 방법이 통하지 않을 때 어떤 기분을 느꼈는지 직접 말해 주지 않지만 그 이면에 어떤 감정이 숨어 있었을지 충분히 짐작해 볼 수 있다.

누가복음 5장에서 시몬 베드로는 열두 제자 중 한 명으로 아직 예수님께 부름받지 않은 상태였다. 하지만 예수님이 탁월한 선생이시라는 사실은 익히 듣고 경험으로 알고 있었다. 베드로와 동료 어부들은 갈릴리 바다에서 밤새 그물을 던진 후에 배를 강가에 대고 그물을 씻는 중이었다. 지칠 대로 지쳐서 서둘러 일을 마치고 집에 가서 쓰러져 잘 생각뿐이었다. 하지만 예수님은 다른 계획이 있었다.

누가복음 5장 3절을 보면 예수님은 강가에 댄 배들 중 하나에 올라타셨다. 양해를 구하고 타신 것 같지는 않다. 예수님은 눈앞에 보이는 베드로 소유의 배에 바로 올라타셨다. 여기서 나는 그분의 행동이 무례하다고 여겨지지 않는다. 예수님은 바로 얼마 전에 베드로의 장모를 치유해 주셨으니 말이다. 즉 예수님께 한 번의 빚이 있는 베드로였다.

예수님은 바다 위 선상에서 가르침을 펼치기 위해 베드로에게 배를 출발시키라고 말씀하셨다. 물이 자연적인 음향 장치 역할을 해 준 덕분에 해변에 모인 큰 무리가 예수님의 음성을 들을 수 있었다. 4절은 예수님이 설교를 마치신 뒤 베드로에게 이렇게 말씀하셨다고 전한다. "깊은 데로 가서 그물을 내려 고기를 잡으라."

직업이 어부였던 베드로는 밤새 그물을 던지다가 이제 막 돌아왔는데 예수님은 다시 바다로 돌아가서 그물을 내리라고 말씀하신다. 그때 필시 베드로는 이런 생각을 했으리라. '선생님, 물고기 잡는 일은 제가 알아서 할 테니 가르치는 일이나 열심히 하시죠.' 하지만 그가 실제로 예수님께 한 말은 이러했다. "선생님 우리들이 밤이 새도록 수고하였으되 잡은 것이 없지마는"(눅 5:5).

우리는 낚시 하면 으레 재미로 하는 취미를 떠올린다. 하지만 베드로에게 낚시는 그저 시간을 때우려는 취미 활동이 아니다. 그에게는 생계 수단이다.

베드로가 예수님께 밤새 수고했어도 물고기 한 마리 못 잡았다고 말했을 때의 어투가 어땠을지 자못 궁금하다. 물고기를 잡는 능력에 어부의 성패가 달려 있으니 아마도 기죽은 목소리로 말하지 않았을까? 아니면 밤샘 수고에도 건진 것이 없다고 말할 때 극적인 효과를 내려고 일부러 약간 뜸을 들여 말했을까? 아니, 짜증 섞인 깊은 한숨을 내쉬었을까? 혹시 내가 자주 하는 것처럼 빈정거리는 투로 "농담이시죠?"라고 말하면서 헛웃음을 지었을까? 아마도 내 아내가 그 배에 있었다면 '감정의 수레바퀴'를 꺼내 들고 베드로에게 자신의 감정을 확인해 보라고 권했으리라.

베드로는 이젠 지쳤다고 말했다. 그는 몸이 부서져라 일했지만 아무것도 건지지 못했다. 한 마리도 잡지 못했다. 그는 자신의 방법이 통하지 않음을 인정했다. 그런데 그것은 노력이 부족해서가 아니었다.

당신도 이런 상황을 경험해 본 적이 있을 것이다. 혹시 지금 이런 상황에 처해 있는가? 어떤 결과를 기대하며 그 많은 노력을 기울였는데도 건진 것이 별로 없는 상황.

부모로서 잘해 보려고 무던히 애썼다. 아이 앞에서 일관된 모습을 보이려고 노력했다. 기대 사항도 분명하게 전달했다. 감정적으로 반응하지 않고 흥분을 가라앉힌 뒤 차분하게 대처하려고 했다. 하지만 건진 것이 별로 없는 상황.

남들보다 앞장서서 더 오랫동안 일했다. 좋은 아이디어를 내고 실행력도 보여 주었다. 하지만 승진에서 번번이 떨어진다.

형제자매들과 다시 가까워지려고 노력했다. 하지만 노력하는 사람은 당신뿐인 것 같다. 아무리 노력해도 그들과의 사이는 점점 더 멀어지는 것만 같다.

가정을 위해 최선을 다했다. 관련 서적을 읽고 팟캐스트도 듣고 세미나에도 참석했다. 가정 상담사도 찾아가 봤다. 배우자의 감정을 이해하려고 노력했다. 하지만 아무리 애를 써도 변하는 것은 없어 보인다. 아니, 상황이 더 악화되는 것만 같다.

우리는 애쓸 때 특정 결과를 기대하며 노력한다. 내 아내는 독서광이다. 아내는 항상 책을 뚝딱 읽고 금방 다른 책으로 갈아타는데, 침대 옆 테이블에 항상 책을 놓아두어서 아내가 현재 무슨 책을 읽고 있는지 볼 수 있다.

일전에 침대에 눕다가 옆 테이블에 새로운 책이 놓인 것을 보았다. 책 제목은 *Have a New Husband by Friday*(금요일까지 새로운 남편을 얻으라)였다.[1] 제목을 보자마자 처음에 든 생각은 '남편인 내가 바뀌어야 한다고 돌려서 말하는군'이었다. 그러다가 온갖 질문이 피어오르기 시작했다. 일단 "새로운"이 무슨 의미인가? "금요일까지 새 남편을 얻으라"에서 "새로운"은 '개선되어 새로워진'을 의미하는 건가? 아니면 '완전히 새것'으로 바꾼다는 뜻인가? 잘 보면 이 둘 사이에는 엄청난 차이가 있다.

둘째, 어떤 금요일을 말하는 것인가? 이번 주 금요일? 나는 침실 테이블에서 그 책을 수요일 밤에 봤다. 그렇다면 시간이 많이 남지 않았다. 보다 먼 미래의 금요일이면 좋겠다는 생각이 들었다. 2032년 5월 7일 금요일이라면 해 볼 만하지 않는가. 하지만 아내가 생각한 금요일이 '이번 주'라면 '그물을 끌어 올릴' 때 적잖이 실망할 것이다.

아내가 그 책 제목을 선택한 것은 바로 특정 결과를 약속하고 있어서일 것이다. 우리는 노력을 쏟아부으면 뭔가를 건지기를 원한다. 하지만 그물을 끌어 올렸는데도 아무것도 건진 것이 없다면 과연 어떤 기분이 들까?

내 아내는 틀림없이 "별로다"라는 대답은 인정해 줄 수 없다고 말할 것이다.

내 방법이 통하지 않을 때 드는 네 가지 감정

이제부터 몇 장에 걸쳐서 우리의 방법이 통하지 않을 때 나타나는 네 가지 주된 감정을 다룰 것이다. 우리는 이 네 가지 감정의 조합을 매일 어느 정도 경험하며 산다. 그것은 우리의 방법이 통하지 않는다는 현실을 우리가 매일 조금씩이라도 경험하기 때문이다. 사소해 보이는 일에서조차 이런 감정의 조합을 경험할 수 있다. 예를 들어, 부품을 아무리 교체해도 변기가 새는 걸 멈출 수 없을 때 그렇다.

사안의 가볍고 무거움을 떠나서 다양한 상황에서 이 네 가지 감정이 올라온다. 때로 이런 감정은 점진적으로 진행된다. 그러니까 한 감정이 다른 감정으로 이어지는 식으로 진행된다. 때로는 네 가지 감정이 한꺼번에 밀려오기도 한다. 어떤 경우든 이런 감정의 조합을 꾸준히 경험 중이라면 십중팔구 당신의 방법이 통하지 않고 있는 때다.

여러 게이지를 통해 자동차의 건강 상태와 보수가 필요한 부분을 알려 주는 자동차 계기판을 한번 생각해 보라. 이 네 가지 감정 전체를 계기판으로 본다면 각 감정은 우리가 포도나무에서 얼마나 단절되어 있는지를 보여 주는 각 게이지에 해당한다.

여기서 이 네 가지 감정을 정의한 다음, 이어지는 장들에서 자세히 살펴보겠다.

1. 낙심 Discouragement

정의 자신감과 열정의 상실.

예 "엄마와 사춘기 딸 사이의 관계가 조금도 변하지 않았을 때 엄마는 낙심하지 않으려 몸부림을 쳤다."

2. 피로 Fatigue

정의 오랜 기간의 집중된 작업에서 비롯하는 극도의 육체적 · 정신적 지침.

예 "그는 힘차게 시작했지만 그의 속도는 지속 가능한 것이 아니었다. 결국 피로가 쌓였다."

3. 분노 Frustration

정의 특히 뭔가를 바꾸거나 이루지 못해서 화나거나 짜증난 감정.

예 "그녀가 예상한 대로 반응하지 않자 그는 불만에 찬 분노로 문을 세게 쳤다."

4. 불안 Anxiety

정의 특히 스스로 전혀 통제할 수 없는 사건을 앞두거나 그런 결과를 마주했을 때 생기는 걱정이나 근심.

예 "신사업의 5개년 계획이 예기치 못한 팬데믹으로 물거품이 되자 그는 극심한 불안에 휩싸였다."

자동차 계기판에는 우리가 주의를 기울이는 게이지들, 막연히 인식하고만 있는 게이지들, 있는지조차 모르는 게이지들이 있다. 예를 들어, 대개 우리는 연료 게이지를 수시로 확인하지만 시동이 걸리지 않을 때까지 배터리 게이지는 잘 살피지 않는다. 다시 말해, 문제가 생겼다는 것을 알기 전까지 그 게이지에 관심을 갖지 않는다. 하지만 이런 무관심은 차를 몰 때 전혀 바람직한 자세가 아니다.

우리 막내딸이 열아홉 살 때 당시 살던 샌디에이고의 어느 도로에서 화상 통화를 했던 날이 기억난다. 휴대폰 화면에는 연기가 자욱했고, 캘리포니아 고속도로를 질주하는 차들이 내는 굉음만이 가득했다. 딸은 내가 시키는 대로 조치를 취하면서 침착하게 말했다. "아빠, 차가 좀 이상한 것 같아요."

딸이 후드를 열자 연기가 뿜어져 나왔다. 나는 차가 과열된 상태이니 어서 시동을 끄고 가까운 카센터에 전화를 걸라고 말했다. 몇 분 뒤 딸이 다시 화상 통화를 걸어 왔다. 나는 차에 무슨 일이 일어났는지 딸에게 좀 더 자세히 설명한 다음 딸에게 차 안에 들어가 휴대폰으로 계기판을 비추라고 일렀다. 나는 온도 게이지를 가리키며 그것이 과열 직전의 엔진 상태를 보여 주고 있다고 설명했다. 또 혹시 주행 중에 자동차가 뜨거워지는 것이 느껴지지 않았는지 물었다. 그러자 딸은 온도 게이지가 있는지조차 몰랐기 때문에 당연히 확인하지 않았다는 것이다.

자동차 제조업체는 운전자에게 차 상태를 경고하기 위해 온도 게이지를 계기판에 장착한다. 운전자가 깜박이는 계기판의 불빛을 신경 쓰지 않아도 한동안은 차가 아무 문제 없이 달릴 수도 있다. 하지만 온도 게이지에 결함이 생기면 결국 차의 작동이 멈추게 되어 있다.

우리는 앞에서 말한 낙심, 피로, 분노, 불안이라는 이 네 가지 감정을 지나치기 쉽다. 그래도 한동안은 아무런 문제가 없어 보일 수 있다. 하지만 이런 감정을 계속해서 무시하면 얼마 못 가 우리 삶의 엔진이 연기를 뿜으며 작동을 멈추게 된다.

"주님이 그렇게 말씀하시니"

그분의 가지로서 살지 않을 때 찾아오는 감정들을 탐구하기 전에 예수님의 말씀에 베드로가 보인 반응에 관해 생각해 보자. 물고기를 잡던 그간의 베드로의 방법은 통하지 않았고, 예수님은 베드로에게 내내 해 오던 그 일을 다시 하라고 명령하셨다. 단, 이번에는 그분이 배에 함께 타신 상태에서 그물을 내리라고 말씀하셨다.

베드로는 밤새 그물을 던졌지만 한 마리도 건지지 못했다. 베드로는 예수님께 이 상황을 알리면서 필시 격려와 이해를 기대했을 터다. 열심히 노력했는데 원하는 결과가 나타나지 않을 때 우리는 주변 사람들이 이런 말을 해 주기를 바란다. "그 정도면 잘했어!" "너는 최선을 다했어." "다음번에는 잘될 거야." 우리는 이런 말이 사실이기를 원한다.

베드로는 예수님이 마음을 돌려, 바다로 돌아가 그물을 다시 던지라는 말씀을 철회하시기를 조용히 기다렸다. 하지만 그런 일은 일어나지 않았다. 그런데 그 순간 베드로는 '우리의 방법이 통하지 않음을 깨달았을 때 우리가 보여야 할' 옳은 반응을 몸소 보였다. "말씀에 의지하여(주님이 그렇게 말씀하시니) 내가 그물을 내리리이다"(눅 5:5).

주님이 그렇게 말씀하시니.

이 책을 읽는 내내 이 한마디를 꼭 기억하기를 바란다. 우리의 방법이 통하지 않을 때 나타나는 감정들을 살피고, 우리가 보여야 할 단 하나의 옳은 반응, "주님이 그렇게 말씀하시니"를 마음에 새기기를 바란다. 앞서 말했듯이 감정은 항상 우리를 어딘가로 '움직이게 하려고' 한다. 하지만 당시 베드로를 움직인 것은 그 순간의 베드로의 감정이 아니라, 예수님께 보인 이 반응이었다.

베드로는 예수님이 시키는 대로 하고 싶지 않았다. 그는 예수님이 시키시는 대로 한다 해도 상황이 바뀌거나 다른 결과가 나타날 거라 생각하지 않았다. 예수님의 명령은 말이 되지 않았다. 베드로는 늘 이용하던 배와 그물로, 늘 고기를 잡던 그 바다에서 고기를 잡고 있었다. 바뀐 것이 있다면 고기를 잡기 위한 조건이 더 안 좋아졌다는 것뿐이었다. 예수님은 날이 다 밝아진 마당에 더 깊은 물로 돌아가라고 말씀하셨다. 분명 이런 방식을 추천하는 낚시 서적은 없을 것이다(최소한 나는 그렇게 생각한다. 참고로 나는 낚시 서적을 읽어 본 적이 없다). 하지만 베드로의 반응은 "주님이 그렇게 말씀하시니"였다.

내가 볼 때는 도저히 말이 되지 않지만…… 주님이 그렇게 말씀하시니.

몇 번이나 시도해도 소용이 없었지만…… 주님이 그렇게 말씀하시니.

사람들은 내가 어리석은 짓을 하고 있다고 생각할 테지만…… 주님이 그렇게 말씀하시니.

나는 지칠 대로 지쳤지만…… 주님이 그렇게 말씀하시니.

아무리 생각해도 이 방법은 통하지 않을 것 같지만…… 주님이 그렇게 말씀하시니.

나는 하고 싶지 않지만…… 주님이 그렇게 말씀하시니.

"주님이 그렇게 말씀하시니"라고 말하기는 참 어렵다. 그분이 말씀하신 방법이 내가 사용하고 싶은 방법이나 내 생각에 효과적인 방식과 다를 때는 특히 그렇다. 그렇게 말하기 위해서는 우리 모두가 하기 싫어하는 뭔가가 필요하다. 바로 겸손한 항복이다.

그분 앞에 겸손히 엎드릴 때

예수님과 깊이 연결되어 가는 여정은 바로 겸손한 항복에서 시작한다. 겸손한 항복은 자신의 방법이 통하지 않는다는 인정을 전제로 한다. 스스로 이 사실을 인정하는 것은 보통 어려운 일이 아니다. 한번 이렇게 큰 소리로 말해 보라. "지금 내 방법이 통하지 않고 있다!"

우리의 방법이 계속해서 통하고 있다면 우리는 왜 늘 지치고 불안해할까? 왜 지금도 여전히 중독과 씨름할까? 왜 지금도 여전히 술 한잔해야 잠자리에 들 수 있을까? 왜 지금도 여전히 스트레스를 받을 때면 포르노를 볼까? 왜 지금도 여전히 삶이 버거울 때면 마구 쇼핑을 해 댈까?

우리의 방법이 제대로 통하고 있다면 과연 우리의 인간관계가 지금처럼 심하게 흔들릴까? 지금처럼 배우자 앞에서 이성을 잃을까? 지금처럼 옛 친구들과 화해하지 않고 지낼까?

우리의 방법이 통하고 있다면 우리가 원한과 분노로 끓고 있을까? 두려움과 불안감에 시달리고 있을까? 당장 모든 것을 포기하고 싶을 정도로 낙심해 있을까?

자신을 솔직히 돌아보자. "내 방법이 통할 방법이었다면 지금쯤은 효과가 나타나야 하지 않을까?"

네 가지 감정을 살피는 우리의 여정은 겸손 없이는 불가능한 자기 인식을 전제로 한다. 다른 길로 가야 할 때가 왔다고 겸손히 받아들일 텐가? 연결은 '단절'이라는 현실과 그 현실에서 비롯된 결과를 깨닫고 변화를 위해 뭔가를 할 의지를 품을 때 비로소 시작된다.

베드로는 예수님의 명령에 대한 이유나 해명을 얻지 않았다. 결과에 따른 보장도 없었다. 우리는 해명과 보장을 바라지만 이 이야기에서는 그런 것이 전혀 없다. 예수님은 베드로에게 사실상 이렇게 말씀하셨다. "너희가 피곤한 줄 안다. 너희가 밤새도록 애쓴 줄 안다. 너희가 지칠 대로 지친 줄 안다. 너희가 방금 그물을 다 청소하고 치운 줄 안다. 그래서 내가 시킨 일을 하기 싫을 줄 안다. 하지만 나와 함께 바다로 나가 깊은 물에서 고기를 잡으면 너희 배가 물고기로 차고 넘치게 해 주겠다. 고기가 너무 많아 그물이 찢어질 정도가 되게 해 주겠다. 너희가 겸손히 스스로를 낮춰 내게 항복하면 그런 복을 주겠다."

요한복음 15장에서 예수님은 그분을 떠나서는 우리가 아무 것도 할 수 없지만 가지가 되어 포도나무인 그분께 연결된 상태를 유지하면 많은 열매를 맺을 것이라 약속해 주신다. 정확히 어떤 기제로 그렇게 되는지 혹은 정확히 어떤 종류의 결과를 얻을지는 나도 모른다. 구체적인 보장은 주어진 바가 없다. 하지만 베드로가 밤새 아무것도 잡지 못했을 때와 다시 바다로 나가 새롭게 시도했을 때, 이 둘 사이에는 분명 큰 차이가 있었다. 이번에는 예수님이 배 안에 함께 타고 계셨다. 베드로는 자신의 노력과 경험보다 예수님과 함께하는 연결이 결과를 얻는 데 더 중요하다는 사실을 똑똑히 경험하게 된다.

다시 말하지만, 결과를 만들어 내는 것은 바로 '연결'이다.

베드로는 예수님이 고기잡이에 관해 아무것도 모르신다고 생각했을지도 모른다. 그래도 베드로는 그분께 겸손히 항복했다. 그 결과, 그는 중요한 사실을 배웠다. 그것은 예수님이 모든 것에 관한 모든 것을 아신다는 사실이다. 알고 보니 예수님은 어군탐지기를 몸 안에 지니고 다니셨다. 베드로는 겸손히 항복함으로써 예수님과 연결되어야 했다.

뜻대로 안 되는 삶의 모든 영역에서 예수님은 우리가 생각하는 것보다 훨씬 많이 알고 계신다. 예수님은 우리가 하는 일에 관해 우리보다 더 많이 알고 계신다. 예수님은 우리의 배우자에 관해 우리보다 더 많이 알고 계신다. 예수님은 우리의 자녀에 관해 우리보다 더 많이 알고 계신다. 예수님은 우리의 몸에 관해 우리보다 더 많이 알고 계신다. 예수님은 우리의 재정에 관해 우리보다 더 많이 알고 계신다. 예수님은 나에 관해 나보다 더 많이 알고 계신다. 따라서 예수님과 함께하는 여정을 다시 시작할 유일한 방법은 그분 앞에 겸손히 엎드려 항복하는 것이다. 겸손한 항복만이 그분과의 연결이 시작되는 지점이다.

단절된 삶에서 비롯한 감정들을 있는 그대로 받아들이는 것은 참으로 어렵고도 굴욕적이다. 하지만 예수님과의 깊은 연결에서 비롯하는 열매 맺는 삶을 누리려면 이 과정을 반드시 거쳐야 한다.

누가복음 5장에서 베드로는 겸손히 자신을 낮춰 바다로 다시 나갔다. 단, 이번에는 예수님과 함께 나갔다. 베드로가 물 깊은 데로 그물을 다시 던지자 배 하나에 다 채우지도 못할 만큼 많은 물고기가 그물에 딸려 들어왔다. 8절은 이렇게 말한다. "시몬 베드로가 이를 보고 예수의 무릎 아래에 엎드려 이르되 주여 나를 떠나소서 나는 죄인이로소이다 하니."

이 장면을 머릿속에 한번 그려 보라. 베드로가 배 위에서 예수님의 발치에 무릎을 꿇고 앉아 있다. 그를 둘러싸고 있는 것이 무엇인가? 그가 할 수 없는 것을 예수님이 하실 수 있다는 증거물이 사방에서 팔딱거리고 있다. 예수님과 연결되지 않고서는 그는 아무것도 할 수 없다. 하지만 예수님과 연결된 상태에서는 훨씬 풍성한 열매를 맺을 수 있다.

이 상황에서 베드로가 보인 반응은 회개였다. 회개는 우리의 방법이 통하지 않음을 겸손히 받아들이고서 내 방법과 다른 방향으로 나아가는 것이다.

이 이야기에서 우리에게 큰 희망을 주는 주제 중 하나는 성경 전체를 관통하는 주제이기도 하다. 바로 예수님으로 인해 모든 것이 달라진다는 것이다. 우리는 계속해서 이렇게 살 필요가 없다. 얼마든지 달라질 수 있다.

이어지는 장들에서 구약성경의 인물들이 자신의 방식이 통하지 않을 때 경험했던 감정들을 살펴볼 것이다. 그들의 한 가지 공통점은 예수님이 이 땅에 오시기 전, 즉 BC 시대에 살았다는 것이다. 그들은 예수님과 깊이 연결되지 않은 채 살아가려고 애를 썼다. 그들의 이야기는 가지가 포도나무에 붙어 있지 않으면 삶이 제대로 이루어지지 않는다는 사실을 우리에게 깨닫게 하기 위해 기록되었다. 구약성경의 율법은 더 열심히 노력해서 더 많은 열매를 맺으라고 강조한다. 하지만 궁극적으로 율법은 우리의 방법대로 노력해 봐야 소용없다는 사실을 보여 준다. 구약성경은 때로 하나님의 백성을 "한 포도나무"(시 80:8)로 부르지만 신약성경은 예수님이 "참포도나무"로 오셨다고 말한다(요 15:1).

이런 사례를 함께 공부하면서 당신 삶의 계기판을 진솔하게 들여다보기를 바란다. 각 게이지를 살펴서 바로잡아야 할 단절된 부분이 없는지 확인하라.

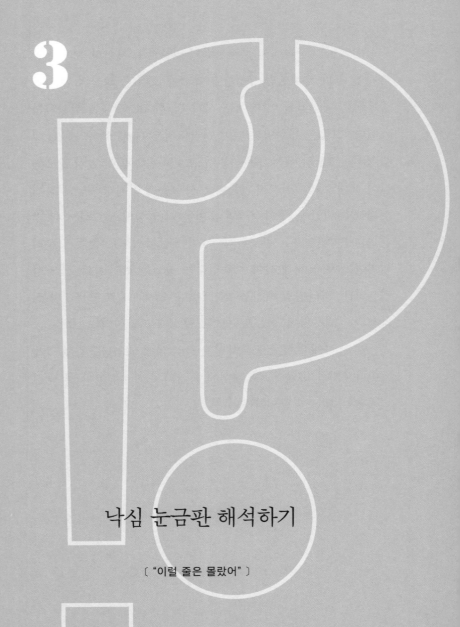

3

낙심 눈금판 해석하기

〔 "이럴 줄은 몰랐어" 〕

1980년대와 1990년대 내내 반탐북스(Bantam Books)는 초등학생과 중학생을 타깃으로 한 시리즈물을 출간했다. 이 시리즈 도서는 선풍적인 인기를 끌었고 무려 2억5천만 부 이상 판매되었다. 바로 그 유명한 *Choose Your Own Adventure*(네 모험을 선택하라) 시리즈다.

나도 청소년 시절에 이 시리즈의 신간을 손꼽아 기다렸던 기억이 난다. 이 책은 그저 그런 평범한 책이 아니다. 독자는 이 책을 읽을 때 뒷이야기를 스스로 선택할 수 있다. 이야기의 여러 지점에서 독자는 각자 다른 방향의 줄거리를 고를 수 있다. 이야기의 결말을 저자가 아닌 독자가 결정한다. 독자가 고르는 선택사항에 따라 결말이 달라지는 것이다. 보안관이 되어 우주로 향하는 문으로 빨려 들어가고 싶다면 73쪽으로 가면 된다. 96쪽으로 가면 외계인들이 강도들과 동맹을 맺는다.

자신의 여행을 스스로 선택해 나갈 수 있다는 개념은 더없이 매력적이다. 내 방식이 통하지 않아도 아무런 문제가 없다. 그냥 읽기를 멈추고 다른 페이지로 넘어가 다시 시작하면 된다. 결말이 마음에 들지 않아도 선택할 수 있는 다른 결말의 여지가 많다. 실제 살고 있는 세상에서 당신에게 이런 힘이 있다고 상상해 보라. 계기판의 낙심 눈금이 올라가면 그저 역경과 실망스러울 일이 없는 다른 모험으로 갈아타면 그만이다.

Choose Your Own Adventure(네 모험을 선택하라) 시리즈를 성

인 시장으로 가져가려는 시도가 한두 번 있었지만 별로 재미를 보지 못했다. 어른들에게는 자신이 통제할 수 없는 것이 많다는 세상 현실만 더욱 뼈저리게 느끼게 해 줄 뿐이어서가 아닐까? 처음에는 우리 인생 이야기가 특정한 방향으로 원하는 대로 펼쳐질 거라 생각하지만 삶은 좀처럼 계획대로 흘러가지 않는다. 그때 우리는 낙심하기 시작한다.

결과가 기대와 다를 때 낙심이 찾아온다. 식사량을 줄이고 운동도 더 열심히 하고서 체중계에 올랐는데 체중계 숫자가 변함이 없을 때 낙심이 찾아온다. 한 가지 기도 제목을 놓고 몇 달간, 아니 몇 년간 기도했는데도 하나님이 잠잠하신 것만 같을 때 낙심이 찾아온다. 짝사랑하던 상대에게 마침내 용기를 내서 고백했는데 "너처럼 좋은 친구를 잃고 싶지 않아"라는 답변을 들을 때 낙심이 찾아온다.

밤을 새워 가며 일했는데 정작 다른 사람이 승진할 때 낙심이 찾아온다. 최선을 다해서 저녁 식사를 준비했는데 아무도 주목하지 않거나 감사를 표시하지 않을 때 낙심이 찾아온다. 임신 테스트기가 또 음성 반응일 때 낙심이 찾아온다. 최선을 다했지만 결과가 좋지 못할 때 낙심이 찾아온다. 누구나 이 감정을 안다. 밤새 공부했지만 성적이 오르지 않을 때, 열심히 연습했지만 벤치 신세를 면하지 못할 때, 면접을 잘했다고 생각했는데 합격 전화가 오지 않을 때, 대학교에 지원했는데 떨어졌을 때, 우편함에 또 다른 세금 납부 독촉장이 날아올 때 우리는 이 감정을 느낀다.

낙심은 희망과 자신감과 용기를 잃는 감정이다. 한때 희망을 품었지만 무슨 일이 일어나 끝내 희망을 버리고 만다. 한때 용기와 자신감이 넘쳤지만 일이 뜻대로 풀리지 않아 이내 자신감을 잃어버린다. 낙심은 형태가 있는 사물이 아니다. 낙심이라는 감정은 보거나 만질 수 없다. 낙심은 무게나 부피를 갖고 있지 않다. 하지만 우리의 발목을 붙잡고 우리의 어깨를 짓누른다.

구약성경의 한나 이야기는 낙심한 사람에 관한 사례 연구감이라 할 만하다. 한나의 방법은 통하지 않았다. 삶이 그녀의 뜻대로 이루어지지 않았다.

사무엘상 1장을 보면 한나의 이야기를 읽을 수 있다. 한나는 성경에 처음 등장할 때부터 낙심해 있었다. 사실, 그녀는 오랫동안 낙심해 있었다. 그녀는 엘가나라는 남자와 결혼했는데 사무엘상 1장 2절은 이렇게 말한다. "그에게 두 아내가 있었으니 한 사람의 이름은 한나요 한 사람의 이름은 브닌나라 브닌나에게는 자식이 있고 한나에게는 자식이 없었더라." 한나는 자식을 낳지 못해 낙심해 있었다.

통제 불능의 상황 속에서

실망스러운 일을 겪어도 상황을 반전시킬 능력이 자신에게 있을 때는 그나마 낫다. 쉽지는 않겠지만 학교로 돌아가 다시 공부하거나 가정 상담 센터를 찾아가거나 운동을 시작할 수 있다. 하지만 스스로 상황을 전혀 통제할 수 없을 때는 낙심 눈금이 급상승한다. 캐런은 자신의 암에 대해 어찌해 볼 방도가 없었다. 마크는 아내의 식은 마음을 돌이킬 수 없었다. 헤더는 대학 시절에 한 선택을 되돌릴 수 없었다. 그리고 성경 속 한나는 자신의 불임에 대해 할 수 있는 것이 아무것도 없었다.

일이 뜻대로 풀리지 않을 때 대개 낙심이 찾아와서 문제를 가중시킨다.

불임이 얼마나 큰 낙심이 되는 상황인지 모른다. 한 연구에서는 불임과 이혼을 함께 겪은 여성들의 63퍼센트가 불임을 정서적으로 더 고통스러운 경험으로 꼽았다. 상담사인 내 친구는 만성질환이나 불치병에 걸린 사람은 주변 사람들에게 지원을 받지만 불임 부부의 주변 사람들은 대부분 그 고통을 인식하지 못한다고 설명했다. 우리의 방법이 통하지 않고 게다가 그 고통을 홀로 견뎌 내야 할 때 낙심 눈금은 더더욱 올라간다.

오늘날 불임이 사람들에게 주는 실망감을 과소평가할 마음은 추호도 없다. 하지만 한나 시대에서의 불임은 지금보다 훨씬 크게 낙심되는 일이었다. 당시에는 아이를 낳는 것이 여성의 주된 목적이면서 아내로서 해야 할 가장 중요한 임무였다. 당대 사회는 한나라는 여성을 조금도 불쌍히 여기지 않았다. 오히려 자식이 없는 여성을 경멸하고, 심지어 하나님께 저주받은 자로 여기던 사회였다.

삶이 바라던 대로 풀리지 않을 때 낙심이 찾아오고, 낙심하는 순간 하나님을 탓하기 시작한다. 낙심하면 현재의 상황을 하나님 잘못으로 여기고 하나님이 자신을 미워한다고 생각하기에 이른다.

DIY 낙심

한나는 엘가나와 결혼했지만 엘가나에게는 두 번째 아내가 있었다. 엘가나는 먼저 한나와 결혼한 뒤에 한나에게서 자식을 얻지 못해 브닌나와 결혼하기로 마음먹었을 가능성이 있다. 이는 성경에 나오는 일부다처의 상황을 보여 준다. 하지만 성경에 나오는 모든 사례가 모범적인 사례인 것은 아니다. 성경에 나오는 일부다처의 사례는 하나같이 문제만 일으켰다. 성경은 일부다처제를 '절대' 권장하지 않는다. 오히려 성경에 나오는 일부다처의 사례는 모두 경고의 형태로 기록되어 있다. 일부다처제는 악한 관행이다. 결코 하나님이 원하시는 모습이 아니다.

엘가나는 한나가 임신하지 못해 낙심했을 것이 분명하다.

삶이 뜻대로 풀리지 않자 엘가나는 스스로 문제를 해결하기로 결심했다. 그리하여 그는 두 번째 아내를 맞았다. 이는 단순히 자신의 방법대로 행한 것에 그치지 않고 하나님의 방법을 거스른 행동이었다. 하나님의 뜻을 거역해서라도 문제를 해결하려고 하면 반드시 더 큰 낙심에 빠지고 만다. 엘가나의 DIY 방식은 불순종으로 이어졌다. 그렇게 잠시 동안은 낙심 눈금이 낮아진 듯 보였지만 이런 방식은 장기적으로는 반드시 낙심 눈금을 더 높이게 되어 있다.

나의 오랜 지인이 이 책에서 자신의 이야기를 소개하도록 허락해 주었다. 단, 이름만은 밝히지 말라는 부탁이 있었기에 여기서는 그냥 스티브라고 부르겠다. 나는 10년도 더 전에 한 남성 모임에서 스티브를 만났다. 그는 틈만 나면 부부 사이의 문제를 토로했다. 그와 아내는 거의 하루도 빠짐없이 부부 싸움을 벌였는데, 다툼의 원인은 주로 부부간 잠자리 문제였다. 구체적으로는 스티브가 아내와 잠자리를 충분히 갖지 못해 불만이었다. 스티브는 아내와 육체적 친밀감을 나누는 시간이 기대했던 것과 너무 달라 몹시 실망해 있었다. 그리고 실망감은 오래지 않아 낙심으로 발전했다.

이후 몇 년 동안 스티브의 낙심은 점점 더 심해져만 갔다. 언제부턴가 그는 하나님의 뜻에 반하는 방식으로 그 낙심을 다루기 시작했다. 하나님의 뜻은 아내를 자상하게 대하고 자신의 필요보다 아내의 필요를 더 우선시하는 것이다. 하나님의 뜻은 예수님의 희생적인 사랑으로 아내를 사랑하는 것이다. 하지만 스티브는 이와 정반대로 했다.

먼저, 그는 아내를 몰아붙이는 방식으로 자신의 낙심을 다루려고 했다. 그는 아내가 자신의 필요를 채워 주도록 극심하게 압박했고, 아내가 이를 거부하면 화부터 냈다. 그러다가 나중에는 싸늘한 태도로 아내를 압박하기 시작했다. 그는 아내와 육체적 친밀함만을 원할 뿐, 정서적 친밀함은 추구하지 않은 것이다.

어느 날 아침, 우리 모임 중에 스티브는 급기야 포르노 중독을 고백했다. 부부 사이가 뜻대로 되지 않자 그는 자신의 욕구를 채우기 위한 다른 방법을 찾았던 것이다. 그는 그것이 잘못임을 알았지만, 심지어 그 고백을 하는 와중에도 여전히 아내를 탓하며 자신을 정당화했다.

결국 그의 포르노 중독을 알게 된 아내와 그는 그때부터 각방을 쓰기 시작했고, 그런 상황이 거의 2년간 지속되었다. 그러던 어느 날, 스티브는 아내와 다른 남자 사이에 오간 문자 메시지들을 보게 되었다. 아내는 남편이 요구해 온 관심을 다른 남성에게 주고 있었다. 스티브는 자기 의에서 비롯한 분노로 아내를 세게 몰아붙였고, 결국 참다못한 아내는 집을 나갔다.

스티브는 낙심한 상태에서 하나님의 뜻을 거스른 DIY(do-it-yourself) 방식을 시도했고, 그 결과는 더 큰 낙심이었다.

엘가나도 같은 실수를 저질렀다. 한나와의 사이에서 자신의 뜻대로 자식을 얻지 못하자 그는 두 번째 아내 브닌나를 맞아들였다. 하지만 그 방법은 상황을 더 악화시켰을 뿐이다. 그런데 여기서 또 다른 부작용이 나타났다. 엘가나의 불순종은 그의 상황을 더욱 악화시켰을 뿐 아니라 한나에게도 말할 수 없이 큰 낙심을 안겨 주었다.

해마다 엘가나는 두 아내를 데리고 약 30킬로미터 떨어진 거리에 있는 실로를 방문했다. 사무엘상 1장 6-7절에 따르면, "브닌나는 한나를 괴롭히고 업신여겼다. 이런 일이 매년 거듭되었다. 한나가 주님의 집으로 올라갈 때마다, 브닌나가 한나의 마음을 늘 그렇게 괴롭혔으므로, 한나는 울기만 하고, 아무것도 먹지 않았다"(새번역).

괴롭히는 사람이 있어 한나의 낙심 눈금은 한층 올라갔다. 필시 한나도 이 문제를 해결하려고 나름대로 애썼을 것이다. 어쩌면 '금요일까지 남편의 둘째 부인을 바꾸라'라는 책을 읽었을지도……. 하지만 아무런 소용이 없었다.

계속된 실망

사무엘상 1장 7절에 낙심을 정의할 만한 좋은 표현이 나온다. 바로 "매년"이다. 몇 달, 심지어 몇 년까지는 버틸 수도 있다.

하지만 같은 상황이 매년 반복되면서 아무런 변화가 나타나지 않을 때 우리는 자신감을 잃기 시작한다. 이 상황을 등식으로 표현하면 다음과 같다.

실망 + 실망 = 낙심

상황이 우리 뜻대로 이루어질 때까지 기다리는 세월이 길어 질수록 낙심은 갈수록 더 심해진다. 한나의 상황은 절망적이었 다. 그녀는 너무 답답한 나머지 눈물이 멈추지 않았고 심지어 더 이상 먹거나 마시기도 힘들어졌다. 혹시 이런 수준의 낙심을 경 험해 본 적이 있는가? 입맛도 사라지고 잠도 잘 이루지 못하는 상황. 감정적인 고갈이 육체적인 고갈로 나타난다. 괴로움에 사 로잡혀 아무것도 못 한다. 잠시나마 상한 마음을 가슴 속에 묻어 둘 수야 있겠지만 곪을 대로 곪은 상처는 언젠가는 터져 나오고 야 만다.

일이 뜻대로 풀리지 않는 상황이 길어지다 보면 우리는 현 실 부정에 빠지곤 한다. 〈샤크 탱크〉(Shark Tank)는 우리 집에서 자주 보는 텔레비전 프로그램 중 하나다. 이 프로그램에서는 투 자를 받아야 하는 발명가들과 기업가들이 다섯 명의 부유한 벤 처 투자자들에게 자신의 제품이나 사업을 홍보한다. 이 프로그 램을 본 적이 있다면 '날씬 거울'(Skinny Mirror)이란 발명품을 기억할지 모르겠다. 이 거울은 구부러진 유리를 사용하여 착시를 일으킨다. 그래서 이 거울을 통해 자신을 보면 5킬로그램쯤 살이 빠져 보인다. 이 거울은 원래 개개인을 위해 고안된 것이지만 발명가들은 의류 소매업자들이 이 제품에 관심을 보인다는 사실을 발견했다. 옷가게에서 잠재 고객이 옷을 입어 볼 때 이 거울로 자신을 바라보면 옷을 구매할 확률이 높아진다.

특히 흥미로운 점은 제조업체들이 이 거울의 정체를 굳이 숨기려 하지 않는다는 것이다. 거울의 오른쪽 아래 구석에 제품명이 버젓이 쓰여 있다. 그러니 앞으로 옷가게에서 청바지를 입어 볼 때 거울에 비친 자신의 모습이 마음에 들거든 부디 거울의 오른쪽 아래를 보지 말기를.

나는 그 프로그램을 보면서 날씬 거울 외에도 현실 부정으로 낙심을 다루기 위한 온갖 제품을 만들 수 있겠다는 생각을 해 봤다. 예컨대, 날씬 거울의 자매품으로 날씬 저울을 개발할 수 있지 않을까. 이 저울에 올라가면 몸무게가 실제보다 5킬로그램 적게 나온다. 그렇게 되면 저울에서 보이는 수치와 거울에서 보이는 모습이 정확히 일치된다. 여기에 날씬 안경까지 갖추면 더없이 완벽해진다. 날씬 거울에 비추인 자신의 모습이 멋져 보이고 날씬 저울이 그 환상을 뒷받침해 주지만 애인의 눈에는 전혀 그렇게 보이지 않는다는 슬픈 현실. 그럴 때는 애인에게 날씬 안경을 써 달라고 부탁하면 된다. 그러면 우리가 원하는 모습을 애인에게 완벽하게 보여 줄 수 있으리라.

내 방법이 통하지 않을 때 우리는 내가 듣고 싶은 말만 해 주는 목소리, 현실 부정을 부추기는 목소리에 둘러싸이기 쉽다.

끊임없는 비교

나는 한 가지 비범한 능력이 있다. 바로 언제 어디서나 가장 긴 줄을 선택하는 능력이다. 마트 계산대나 드라이브 스루, 공항 보안 검색대, 아니 그 어디서든 여지없이 나는 항상 가장 긴 줄을 선택한다. 우리 가족은 가장 긴 줄을 고르는 내 능력이 아주 탁월하다는 것을 익히 잘 알고 있다. 그래서 항상 나와 다른 줄에 선다. 설령 가족이 선 줄이 짧아도 내가 그 줄에 들어오는 것을 절대 허락하지 않는다. 내 안에 있는 초능력이 워낙 강해서 내가 그들 줄에 들어가는 순간 그 줄이 가장 길어진다는 것을 알기 때문에……

수년간 긴 줄에만 서 본 결과, 깨달은 게 하나 있다. 비교하지 않으면 낙심할 것도 없다는 것이다. 내 줄이 줄어드는 속도를 옆줄 속도와 비교하지만 않으면 말이다. 하지만 비교하는 그 순간 곧바로 낙심이 밀려온다.

우리의 방법이 통하지 않으면 자연스레 낙심 눈금이 올라가기 마련이다. 그런데 거기에다가 다른 사람의 방법은 잘 통하는 것처럼 보인다면? 낙심 눈금은 급속도로 치솟기 시작한다.

이런 현상을 '브닌나 효과'로 부를 수 있다. 임신을 못 하는 그 자체도 힘들지만, 아이를 잘 낳는 다른 여성과 한집에서 사는 것은 차원이 다른 문제다. 대가족을 이끌고 실로로 가는 내내 남편의 다른 부인이 자식 자랑을 한다고 생각해 보라. 한나의 속이 뒤집어지고도 남았으리라.

사무엘상 1장 8절에서 엘가나는 이런 말로 아내인 한나를 위로하고자 한다. "한나여 어찌하여 울며." 여기까지는 그래도 괜찮다. 엘가나는 무엇이 문제이며 대체 기분이 가라앉아 있는 이유가 뭔지 묻는다. 여기까지만 말하고 그저 조용히 귀를 기울였다면 좋았을 텐데……. 하지만 엘가나는 눈치 없이 계속해서 말을 잇는다. "어찌하여 먹지 아니하며 어찌하여 그대의 마음이 슬프냐 내가 그대에게 열 아들보다 낫지 아니하냐."

저런! 부인을 대하는 데 이렇게나 서툴다니!

엘가나가 조용히 귀 기울여 듣기만 했다면 한나의 낙심 눈금은 서서히 내려갔을 터다. 하지만 그는 사랑하는 사람이 마음이 상했을 때 절대 하지 말아야 하는 두 가지 행동으로 한나의 낙심 눈금을 확 끌어올렸다.

첫째, 엘가나는 한나의 감정을 대수롭지 않게 여겼다. "여보, 왜 울어?" 그는 별것 아니라는 말로 이 상황을 넘어가려고 했다. 몹시 괴로워하는 상대방을 두고 그는 이런 식으로 말했다.

"별것도 아닌 일로 뭘 그리 슬퍼해?"

마음이 상한 주변 사람들에게 우리는 이런 식으로 말하지 말아야 한다. "뭘 그 정도 일로 낙심하고 그래요? 정말 힘든 일이 뭔지 들어 볼래요?"

둘째, 엘가나는 남편인 자신의 존재만으로 한나가 기뻐해야 마땅하다는 말로 상황을 더 악화시켰다. "내가 열 아들보다 낫지 않아? 나와 결혼한 것이 얼마나 큰 행운인지 몰라? 나처럼 이해심 많은 남편과 결혼하고서 어떻게 낙심할 수 있지?"

엘가나는 아내의 기분이 어떤지 물었다. 하지만 그렇게 물어 놓고서 정작 아내의 감정에 귀 기울이기보다 아내의 상황을 바로잡으려 애썼다. 이 접근법은 전혀 효과적이지 않다. 정 의심스럽다면 직접 한번 '엘가나 접근법'을 시도해 보라. 배우자가 무슨 일로 화가 나 있을 때 이렇게 말해 보라. "여보, 자기한테는 내가 있잖아! 뭘 더 원해? 나 같은 남편을(아내를) 만나고도 모자라?"

자신의 감정을 무시하고 위로 같지 않은 위로를 시도하는 남편 때문에 한나는 극심한 외로움에 사무쳤다. 외로움만큼 낙심의 눈금을 높이는 것도 없다. 한나는 외로웠다. 물론 그녀는 혼자가 아니었다. 자신의 감정을 무시하는 남편, 자신을 업신여기는 또 다른 부인, 비참한 기분만 더해 주는 아이들과 한집에서 살았다. 사람들에게 둘러싸이고도 외로움은 찾아온다. 한번은 초등학교에 다니던 둘째 딸에게 "언제 가장 외로웠니?"라고 물은 적이 있다. 그때 딸은 이렇게 대답했다. "애들이 많은데 나 혼자 앉아 있을 때요."

상대방의 감정을 헤아리지 않는 남편의 말은 한나의 낙심을 덜어 주기는커녕 더 키웠다. 마음이 상한 감정을 무시하는 말은 사람을 더 깊은 외로움에 빠뜨린다.

그분 앞에 마음 쏟아 내기

사무엘상 1장 9절은 이렇게 말한다. "그들이 실로에서 먹고 마신 후에 한나가 일어나니." 여기서 "일어나니"는 단순히 일어 났다는 신체의 자세를 말하지 않는다. 이는 단순히 앉았다가 일 어섰다는 뜻이 아니라, 한나가 지금까지의 삶이 지긋지긋해졌다 는 뜻이다.

자신이 할 수 있는 한 문제를 해결하고 통제하고 무시하고 축소하기 위해 애를 쓴다. 그러다 다시 문제 속에서 허우적거린 다. 결국 절박한 순간에 이른다. 계속해서 앉아 있든지 일어나든 지 결정해야 할 순간에 이른다. 바로 그때, 한나는 일어나 기도 하러 갔다.

한나는 일어나서 "여호와께 기도하고 통곡"하는 중에도 "마 음이 괴로"웠다(삼상 1:10). 이 구절에서 사용된 히브리어 "바카"는 단순히 눈물을 흘리는 정도가 아니라 큰 소리로 흐느끼거나 울부짖는 것을 말한다. 이런 통곡의 이미지 외에도 사무엘상 1장 1-18절에서는 한나의 낙심을 묘사하기 위해 히브리어 여섯 개 단어가 사용되고 있다. 이 단어들을 낙심 눈금판의 여섯 눈금으로 볼 수 있다.

1. 낙담하다, 기가 죽다(라아 레바브).
2. 마음이 괴롭다, 고민스럽다(마르 네페쉬).
3. 비참하다, 고통스럽다(오니).
4. 마음이 몹시 슬프다(케샤트 루아흐).
5. 원통하다(시아흐).
6. 격분하다(카아쓰).

NLT 성경의 경우에는 두 개의 다른 히브리어 단어(마르 네페쉬, 시아흐)를 하나의 영어 단어(anguish)를 사용해 번역했다. 그것은 아마도 한나의 낙심을 담아낼 마땅한 영어 단어가 그만큼 부족해서일 것이다. '감정의 수레바퀴'에는 낙심에 해당하는 감정이 여러 가지지만 때로 낙심의 감정 수위는 우리의 언어를 초월한다. 말로 다 표현할 수 없을 만큼 낙심이 심해질 수 있다.

한나의 낙심은 절박함으로 이어졌고, 절박함 속에서 그녀는 하나님께 부르짖었다. 앞서 말했듯이 감정은 우리를 어딘가로 움직이게 이끈다. 한나의 경우, 낙심은 그녀가 '하나님과의 온전한 연결' 쪽으로 움직이는 결과를 낳았다.

성경에서 우리는 연결을 위한 한나의 기도를 엿볼 수 있다. "만군의 여호와여 만일 주의 여종의 고통을 돌보시고 나를 기억하사 주의 여종을 잊지 아니하시고 주의 여종에게 아들을 주시면 내가 그의 평생에 그를 여호와께 드리고 삭도를 그의 머리에 대지 아니하겠나이다"(삼상 1:11).

한나는 하나님께 이렇게 말한다. "그를 여호와께 드리고." 이는 하나님께 협상을 시도하는 말처럼 들린다. "하나님, 저를 위해 이렇게 해 주시면 하나님을 위해 이렇게 하겠습니다." 하지만 우리는 하나님과 협상할 수 없다. 협상은 아예 불가능하다. 모든 것이 하나님의 것이니 애초에 협상이 성립되지 않는다. 우리는 하나님께 필요한 것을 제시할 능력이 없다. 그리고 하나님은 원하시는 것을 얻을 때까지 우리에게 필요한 것을 보류하시는 분이 아니다. 그러니 협상은 불가능하다.

여기서 한나가 하고 있는 것은 협상이 아닌 '항복'이다. 한나는 바다로 돌아가 다시 한 번 그물을 던지고 있다. 자신의 방법을 내려놓고 하나님의 뜻에 엎드려 항복하고 있다.

그가 여호와 앞에 오래 기도하는 동안에 엘리가 그의 입을
주목한즉 한나가 속으로 말하매 입술만 움직이고 음성은 들리지

아니하므로 엘리는 그가 취한 줄로 생각한지라 엘리가 그에게

이르되 네가 언제까지 취하여 있겠느냐 포도주를 끊으라 하니

한나가 대답하여 이르되 내 주여 그렇지 아니하니이다 나는

마음이 슬픈 여자라 포도주나 독주를 마신 것이 아니요 여호와

앞에 내 심정을 통한 것뿐이오니.

사무엘상 1장 12-15절

마지막 구절의 순서를 눈여겨보라. "마음이 슬픈 여자라
…… 여호와 앞에 내 심정을 통한 것뿐이오니."

우리도 이래야 한다. 우리의 방법이 통하지 않아 낙심이 밀
려올 때 가장 먼저 우리가 해야 하는 일은 그저 하나님께 우리의
마음을 쏟아 내는 것이다.

이어서 한나는 엘리에게 이렇게 말했다. "당신의 여종을 악
한 여자로 여기지 마옵소서 내가 지금까지 말한 것은 나의 원통
함과 격분됨이 많기 때문이니이다"(삼상 1:16).

"엘리가 대답하여 이르되 평안히 가라 이스라엘의 하나님
이 네가 기도하여 구한 것을 허락하시기를 원하노라 하니 이르
되 당신의 여종이 당신께 은혜 입기를 원하나이다 하고 가서 먹
고 얼굴에 다시는 근심 빛이 없더라"(삼상 1:17-18).

여기서 흥미로운 사실이 있다. 한나는 하나님께 부르짖은
뒤에 기분이 한결 나아졌다. 더 이상 낙심하지 않았다. 이와 관

련해서 몇 가지 질문을 하겠다.

한나가 당장 임신을 했는가?
아니다.
한나가 기적을 약속받았는가?
아니다.
하나님이 한나가 곧 임신할 거라고 귀에 들리는 음성으로
말씀하셨는가?
아니다.
하나님이 결국 한나의 뜻대로 될 거라고 말씀하셨는가?
아니다.

그런데도 한나는 더 이상 낙심하지 않았다. 놓치지 말아야
할 점이 바로 이것이다. 낙심할 만한 상황은 전혀 바뀌지 않았
다. 바뀐 것은 하나님과의 연결 상태다.

성경은 한나와 나머지 가족이 집에 돌아왔다고 말한다. 그
리고 얼마간 시간이 지난 뒤 한나는 임신을 했다. 한나는 아들을
낳았고 사무엘이라 이름을 지었는데, 이는 "하나님이 들으셨다"
라는 뜻이다. 한나는 그 이름을 말할 때마다 낙심 중에 하나님이
자신의 기도를 들으셨다는 사실을 되새겼다.

낙심은 희망의 상실이지만, 한나가 사무엘의 이름을 부를

때마다 마음속에 희망이 가득 차올랐다. 낙심은 둘 중 하나의 결과를 낳는다. 우리를 하나님에게서 멀어지게 만들거나, 하나님께로 더 가까이 이끌거나.

스스로는 절대 선택하지 않았을 모험 가운데 있는가? 삶이라는 이야기에서 다음 상황을 선택할 힘이 자신에게 없다는 것을 뼈저리게 느끼고 있는가? 물론 당신의 모험을 스스로 선택할 수는 없다. 하지만 그 모험에 어떻게 반응할지는 선택할 수 있다. 그러니 하나님께 부르짖고 그분께 소망을 두고서 그분의 힘으로 일어나 계속해서 걸어가라.

4

분노 미터기 해석하기

〔 "이젠 못 참아" 〕

브레네 브라운은 휴스턴대학교(University of Houston)의 사회학자이자 여섯 권의 베스트셀러를 쓴 저자다. 브라운은 인간 경험의 일부인 여러 감정을 규명하고 탐구하는 데 수십 년을 투자했다. 그녀는 자신의 책 *Atlas of the Heart*(마음의 지도)에서 87가지 주요 감정에 관해 이야기하는데, 대부분의 사람들이 그중 세 가지 감정만 인식한다고 지적한다. '행복하다, 슬프다, 열받는다.'[1]

오랫동안 나는 스스로를 '행복한' 사람으로만 여겨 왔다. 어릴 적 교회에 다닐 때 행복할수록 '영적'이라는 개념을 받아들였다. 교회 로비를 걷다가 누군가 "요즘 어때요?"라고 물으면 용인되는 대답은 "아주 잘 지내요!"뿐이었다. 심지어 내가 어릴 적 다니던 교회에서 한 목사님은 어떻게 지내냐는 질문에 대한 대답 목록을 외우고 다녔다. 그중에서 기억나는 답변 몇 가지만 소개해 보면 다음과 같다.

"내가 지금보다 더 행복해지려면 내가 두 명이어야 가능합니다."
"내가 지금보다 더 행복해지면 박수를 치다가 손이 부서져 버릴 거예요."
"내가 지금보다 더 행복해지면 비타민을 먹고 취한 겁니다."
"내게 꼬리가 있다면 신나게 흔들고 싶을 정도예요."

오랫동안 내가 인정한 내 감정은 행복 하나뿐이었다. 내 '감정의 수레바퀴'는 하나의 바큇살로만 이루어져 있었다. 아버지는 안 좋은 날이면 "오늘은 힘든 날이었어"라고 말하는 대신 "매일이 좋은 날이지만 어떤 날은 다른 날보다 더 좋지"라고 말하라고 가르치셨다. 우리 집은 행복하게 사는 것이 곧 하나님의 뜻이라는 점을 상기시키는 성경 구절로 도배되어 있었다.

즐겁고 긍정적인 집에서 자란 것은 감사할 일이지만, 항상 행복해야 한다는 관념을 얻게 된 것은 안타까운 일이다. 최소한 겉으로라도 행복한 모습을 보여야 한다는 강박관념이 내 안에 깊이 자리 잡았다. 그렇다 보니 어릴 적 내 별명은 '카일 스마일'이었다. 그래도 이것은 그나마 나은 별명이었다(예를 들어, 고교 시절 내 별명은 시트콤에 나오는 외계 생명체 알프를 따라 '알프'였다. 내가 털이 많았기 때문이다).

내 책 《은혜가 더 크다》(Grace Is Greater)에서 내가 화가 나서 주먹으로 문을 쳐서 구멍을 냈을 때 아내와 예수님께 받은 은혜에 관한 이야기를 했다. 그때 내가 주먹으로 문을 쳐서 구멍을 낼 정도로 분노하게 된 이유는 밝히지 않았었다.

당시 나는 아내와 큰 말다툼을 벌였다. 여기서 말다툼의 구체적인 내용은 별로 중요하지 않지만 골자만 이야기해 보겠다. 우리 부부의 계획은 차로 10시간을 달려 캔자스주에 사는 친척을 방문하는 것이었는데 우리 중 한 명이 마지막 순간에 이 계획을 바꾸자고 했다. 더없이 이성적인 이 사람은 해변의 백사장까지 차로 10시간을 달려 가족끼리 추억을 쌓자고 제안했다. 하지만 상대방이 받아들이지 않자 더없이 이성적인 이 사람은 문을 박살내고야 말았다.

'카일 스마일'은 문을 박살내는 짓 따위는 하지 않는다. 하지만 자신의 방식이 통하지 않을 때 최대한 행복한 척하는 그라도 결국엔 이성을 잃고 만다. 이제 그는 사람이나 상황에 대한 자신의 분노 수치가 예수님과 얼마나 연결되어 있는지를 측정하는 좋은 잣대 중 하나라는 사실을 안다.

예수님 안에 거하지 않을수록 남들에게 더 쉽게 화를 낸다.

예수님 안에 거하는 시간이 적을수록 인내심이 적어진다.

인류 최초의 분노

성경에서 분노의 감정을 처음 볼 수 있는 곳은 창세기 4장이다. 아담과 하와에게는 가인과 아벨이라는 두 아들이 있었다.

아벨은 양 치는 자였고 가인은 농사하는 자였더라 세월이 지난 후에 가인은 땅의 소산으로 제물을 삼아 여호와께 드렸고 아벨은 자기도 양의 첫 새끼와 그 기름으로 드렸더니 여호와께서 아벨과 그의 제물은 받으셨으나 가인과 그의 제물은 받지 아니하신지라 가인이 몹시 분하여 안색이 변하니.

창세기 4장 2-5절

　여기서 하나님이 먼저 사람을 보시고 나서 제물을 보신다는 사실에 주목하라. 하나님은 우리 마음에 품은 동기를 아신다. 이 성경 구절에서 아벨이 하나님과 온전히 연결되어 있고 그의 제물이 하나님과의 연결 상태를 반영하고 있음을 알 수 있다. 보다시피 아벨은 자기 양의 첫 새끼의 "가장 살지고 좋은 부분을" 제물로 드렸다(창 4:4, 현대인의 성경). 그는 자신의 소유물에서 가장 좋은 것을 하나님께 드린 것이다.

　가인도 하나님께 제물을 드렸지만 아벨과는 달랐다. 아벨의 행동은 "내가 취하기 전에 가장 먼저 하나님께 제물을 드릴 것이다"라고 말하고 있는 반면, 자신의 방식대로 한 가인의 행동은 "내가 취하고 나서 남은 것을 하나님께 드릴 것이다"라고 말하고 있다. 하나님은 아벨의 제물을 받고 그를 축복하셨으나, 가인의 제물은 거부하셨다. "가인이 몹시 분하여 안색이 변하니"(창 4:5). 여기서 우리가 규명한 두 가지 감정을 볼 수 있다. 가인은 낙심하고 분노했다. 가인이 자신의 이런 감정의 실체를 알고 있었는지는 확실하지 않다. 그래서 하나님은 그의 감정을 지적하고 그런 감정이 어디서부터 왔는지를 알려 주신다.

여호와께서 가인에게 이르시되 네가 분하여 함은 어찌 됨이며 안색이 변함은 어찌 됨이냐 네가 선을 행하면 어찌 낯을 들지 못하겠느냐 선을 행하지 아니하면 죄가 문에 엎드려 있느니라 죄가 너를 원하나 너는 죄를 다스릴지니라 가인이 그의 아우 아벨에게 말하고 그들이 들에 있을 때에 가인이 그의 아우 아벨을 쳐 죽이니라.

창세기 4장 6-8절

"네가 분하여 함은 어찌 됨이냐?" 하나님의 이 질문은 행동을 멈추고 자신의 감정을 돌아보라는 말씀이다. "감정에 끌려가지 말고 그 감정이 왜 생기는지 스스로에게 물어보라. 분노가 어디서 온 것이냐?"

이 질문이 좋은 이유는 분노의 감정이라고 다 나쁜 것이 아니기 때문이다. 바울은 에베소서 4장 26절에서 이렇게 말한다. "분을 내어도 죄를 짓지 말며." 이 구절은 화를 내도 죄를 짓지 않을 수 있다고 분명히 말한다. 분노는 대개 일이 우리 뜻대로 되지 않을 때 발생한다. 하지만 하나님의 뜻대로 하려는 마음에서 비롯하는 분노는 의로운 분노다. 성경을 보면 예수님은 성전에서 분노하여 상과 의자들을 뒤엎으셨다. 하지만 그 분노는 이기적인 분노가 아니었다. 자신의 방식대로 하려는 마음에서 비롯한 분노가 아니었다. 그것은 사람들을 보호하려는 마음에서 비롯한 분노였다. 예수님은 사람들이 예수님께 상처를 주거나 그분을 부당하게 대할 때 분노하지 않으셨다. 예수님은 다른 사람들, 특히 약자들이 이용당할 때 분노하셨다.

그럼 가인은 왜 분노했는가? 정확한 이유는 기록되어 있지 않지만 최소한 한 가지는 분명해 보인다. 그는 동생을 시기했고, 자신이 부당한 대우를 받고 있다고 생각했다. 아마도 창세기 4장 사건이 가인에게 부정적인 감정을 불러일으키는 촉발제가 된 것 같다. 이 형제 사이에는 오랜 갈등이 있었을 가능성이 높다. 아마도 형인 가인은 형으로서 자신이 받아야 할 특혜를 항상 동생 아벨이 받고 있다고 생각했으리라.

분노로 표출된 '일차 감정' 파악하기

가인은 아벨에게 화가 났다. 최소한, 가인 스스로가 아벨에게 화가 났다고 생각했다. 하지만 생각해 보라. 아벨이 그에게 무슨 짓이라도 저질렀는가?

음…… 아무런 짓도 하지 않았다.

아벨은 가인에게 아무런 짓도 저지르지 않았다. 내가 볼 때 가인은 사실상 자신에게 화가 난 것이다. 그의 방법은 통하지 않았다. 그는 그 사실을 알고 있었지만 자신을 돌아보며 스스로에게 엄격한 질문들을 던지는 대신 자신의 분노를 동생에게로 향했다.

젊은 시절 우리 부부가 처음으로 주거 지역으로 이사했을 때 옆집 남자는 잔디밭을 그야말로 완벽하게 관리했다. 그 잔디밭에는 민들레나 잡초 혹은 말라 버린 부분이 전혀 없었다. 완벽한 바둑판 모양을 이루는 그 잔디밭은 내가 볼 때 어둠의 마법을 구사하는 사람이 아니면 절대 만들어 낼 수 없는 모양이었다. 이웃집 마당을 지나갈 때마다 아내는 그 잔디밭을 가리키며 감탄사를 남발했다. 고작 한두 번 마주친 게 전부였음에도 나는 그 남자를 도저히 참아 줄 수 없는 지경까지 이르렀다.

그 이웃이 내게 무슨 짓이라도 저질렀는가? 아무 짓도 하지 않았다. 하지만 그의 잔디밭은 내게 분노 유발자였다. 그 잔디밭을 지나갈 때마다 내 방법이 통하지 않는다는 사실이 떠올랐다. 여기서 내 방법이란 우리 집 잔디밭에 마구 피어 있는 민들레가 아름다워 보이는 척하는 것이다. 나는 그 이웃에게 화가 났다. 하지만 실상은 나한테 화가 난 것이다. 가인과 아벨 사이에 바로 이런 역학이 작용했을 것이다. 가인은 아벨에게 화를 냈지만 사실은 자신에게 화가 났으리라. 자신의 실패와 단점에 대한 분노는 주변의 애먼 사람들에게로 향하는 경우가 많다.

분노는 이차 감정일 때가 많다. 예컨대, 우리가 분노를 표출할 때 실제로 느끼는 일차 감정은 '두려움'일 수 있다. 우리는 부부 관계나 자녀 양육, 일터에서 자신의 방식이 통하지 않고 실패

할까 봐 두려워한다. 그럴 때 실패가 두렵다고 인정하기보다는 분노를 표출하는 편이 훨씬 쉽다. 예수님과 단절될수록 자신을 더 의존하게 되고, 자신을 더 의존할수록 실패를 더 두려워하게 된다. 그리고 그런 두려움은 분노로 표출된다.

분노를 표출하되 실질적으로 느끼는 감정은 '수치'일 수 있다. 자신의 방법이 통하지 않을 때 수치심을 느끼는 것은 자연스러운 일이다. 나는 가인이 자신의 제물에 대해 수치심을 느꼈다고 생각한다. 하지만 수치심을 표출하는 것보다 분노를 표출하며 동생을 탓하는 것이 더 쉬웠다. 가인은 자신의 책임을 인정하고 자신을 낮추기보다 분노를 표출함으로써 자신의 수치를 다루었다. 하나님은 가인에게 이렇게 말씀하셨다. "네가 선을 행하면 어찌 낯을 들지 못하겠느냐"(창 4:7). 가인은 자신을 낮춰 선을 행할 수 있었다. 하지만 그는 자신을 방어하며 분을 내는 쪽을 선택했다.

분노를 표출하되 실질적으로 느끼는 감정은 단순한 '피로'일 수도 있다. 삶이 버거워서 지치고 좌절하면 작은 일에도 욱하게 된다. 아무 일에나, 아무 사람에게나 짜증과 화를 쉬이 내게 된다. 심지어 무엇 때문에 화를 내는지도 모르고 화를 폭발하게 된다.

내 분노 미터기 읽는 법

창세기 4장 8절은 끔찍한 사건을 기록하고 있다. "가인이 그의 아우 아벨에게 말하고 그들이 들에 있을 때에 가인이 그의 아우 아벨을 쳐 죽이니라."

화가 나면 티가 나는 사람들이 있다. 그들은 눈에 띄는 방식으로, 때로는 폭력적인 방식으로 화를 표출한다. 저스틴 존 보딘이란 남자에 관한 기사를 읽은 적이 있다. 미네소타주 출신의 27세 남성인 보딘은 어느 날 이성을 잃고 5급에 해당하는 폭행을 저질렀다. 안타깝지만 폭행 사건은 매일같이 벌어진다. 하지만 보딘의 이야기가 기사로 실린 것은 그가 분노 조절 장애 치료 센터로 가는 길에 이 범죄를 저질렀기 때문이다. 그는 치료 센터로 가는 버스를 타기 위해 정류장에서 기다리다가 59세의 여성과 말다툼을 벌이게 되었다.

보딘은 무시당했다고 느꼈다. 여성이 경찰서에 신고하기 위해 휴대폰을 꺼내자 보딘은 그녀의 얼굴을 세게 내리쳤다. 63세의 노인이 말리려고 하자 보딘은 들고 있던 파란색 서류철로 그를 치더니 자신도 놀랐는지 서류철을 땅바닥에 내던지고서 도망쳤다. 경찰이 그 서류철을 확인해 보니 분노 조절 장애 치료 센터에서 내준 숙제가 들어 있었다. 그는 센터로 가는 길이었다.[2]

보딘은 분노 조절 장애 치료 센터로 가는 중에도 자신의 분노를 조절할 수 없었다. 결국 분노를 충동적으로 표출한 결과,

큰 말썽을 일으켰다. 분노 장애를 치료 중이던 그는 분명 화를 내고 싶지 않았을 것이다. 하지만 분노의 감정은 나도 모르게 나를 지배하는 경향이 있다. 내 방법이 통하지 않을 때 분노가 나타나 상황을 더 악화시킨다.

가인의 이야기나 보딘에 관한 기사를 읽고서 "나는 그런 식으로 이성을 잃지 않아"라고 말하는 사람들도 있을 것이다. 으레 분노 하면 우리는 고함을 지르고 욕을 하며 사방으로 물건을 집어던지는 사람, 또는 주먹으로 문을 쳐서 구멍을 내는 사람을 떠올리곤 한다. 하지만 평상시의 대부분의 사람은 그런 짓을 저지르지 않는다. 그래서 우리의 분노는 발견하기가 더더욱 어렵다.

화가 나면 버럭 화를 내며 폭력적으로 변하는 대신 교묘하게 화를 표출하는 사람이 있다. 이를테면 자신을 희생자로 만드는 방식으로 분노를 표출한다. 주변 모든 사람이 자신에게 미안함을 느끼게 만든다. 빈정거리는 말투로 사람들에게 상처를 주면서 분노를 표출하는 사람도 있다. 그러면서 비겁하게 "그냥 농담이야. 너무 신경 쓰지 마"라는 말을 던지고서는 그 말 뒤에 숨어 버린다.

수동적인 공격성을 보이는 이들도 있다. 이를테면 원하는 것을 얻을 때까지 상대방에게 관심과 애정, 격려를 보류하는 것이다. 상대방이 무슨 문제가 있냐고 물으면 여전히 쌀쌀맞은 표정으로 "괜찮아"라고 대답한다.

상대방에게 담을 쌓는 이들도 있다. 가까운 관계에서 상대방을 무시하고 냉담하게 구는 것은 사실 가장 잔인한 분노 표출 중 하나다. 어떤 경우에는 폭력적인 폭발보다 조용한 살인이 더 무섭다. 많은 소음을 내지는 않지만 주변에 시체가 즐비해진다. 가인처럼 하지는 않지만 은근한 분노로 주변 사람들을 서서히 말려 죽인다.

분노의 감정에는 여러 단계가 있다. 보는 시각에 따라 10단계까지 나눌 수 있다. 하지만 여기서는 4단계로 압축해 보자.

1단계는 '가벼운 짜증'이다. 집 안에서 시끄럽게 구는 아이들 같은 경우 대개 이런 짜증을 많이 낸다. 기이하게도 밤이면 작동을 멈추는 충전기, 잘 알지 못하는 직장 동료의 무례한 언행, 다른 채널에서 축구가 한층 방송 중인데 관심도 없는 멜로드라마를 봐야 하는 상황, 이런 일상적인 상황이 가벼운 짜증을 유발할 수 있다.

가벼운 짜증은 2단계인 '약오름'으로 발전하곤 한다. 상대방의 행동이 의도적인 것처럼 느껴질 때 더 깊은 강도의 분노가 나타난다. 예컨대, 아무 상관 없는 차가 단순히 끼어들기만 하면 가벼운 짜증이 인다. 하지만 내 차에 내가 응원하는 특정 농구 팀의 범퍼 스티커가 붙어 있는데 이 팀과 라이벌 팀의 범퍼 스티커를 붙인 자동차가 끼어들면 훨씬 약이 오른다.

3단계는 '개인적인 분개'다. 이 감정은 개인적으로 무시당한 느낌, 개인적으로 공격당하거나 의도적으로 부당한 대우를 받은 느낌이다. 문제는 많은 사람이 이 3단계에서 살고 있다는 것이다. 우리는 걸핏하면 폭발한다. 짜증과 약오름 단계를 건너뛰고 곧장 분개로 넘어간다.

4단계는 '주체 못할 격노'로 부를 수 있다. 이쯤 되면 행동 단계다. 수문이 열려 물이 마구 쏟아져 나오고, 그 물이 어디로 흐를지 알 수 없다. 무슨 말을 하거나 어떻게 반응해야 할지에 관해 이성적으로 판단하는 능력을 상실하기 시작한다. 신체적으로 보면, 전두전엽의 작동이 멈추고 뇌의 반사적인 뒷부분이 행동을 통제하기 시작한다. 뇌의 우반구가 더 활발하게 움직이면서 충동적인 반응이 나타난다. 근육으로 피가 쏠려 몸이 움직일 준비를 한다. 이 단계에서 우리는 자신이 하리라고 생각지도 못했던 말이나 행동을 할 수 있다.

우리는 자신이 내는 분노라는 감정에 깊은 관심을 가져야 한다. 분노가 가벼운 짜증이나 약오름의 단계에 머물러 있을 때 숨을 깊이 들이마시고 나서 포도나무인 예수님께 꼭 붙어 있어야 한다.

순식간에 틈타는 죄

가인이 이성을 잃기 전 하나님은 그가 계속해서 자신의 방법대로 하면 어떤 일이 벌어질지 경고해 두셨다. "선을 행하지 아니하면 죄가 문에 엎드려 있느니라 죄가 너를 원하나"(창 4:7).

하나님은 가인에게 조심하라 이르셨다. 마찬가지로 우리 역시 조심해야 한다. 죄는 우리가 방심하는 사이에 순식간에 우리를 통제하려 든다. 분노는 자동차 계기판에서 번쩍이는 불빛처럼 우리의 방법이 통하지 않고 있음을 알려 주는 경고 신호다. 계속해서 우리의 방법대로 밀고 나가면 되돌아오지 못할 강을 건널 수 있다.

나와 잘 알고 지내는 밥 메리트는 오랫동안 미네소타주 이글브룩교회(Eagle Brook Church)에서 담임목사로 섬겼다. 그는 자신의 '리더십 붕괴'에 관한 글을 쓴 적이 있다. 당시 그는 과로로 지칠 대로 지쳐 있었다. 그는 가족 및 동역자들에게 가혹한 말을 퍼붓고 분노를 쏟아 내기 시작했다. 그는 감정적으로 고갈되어 있었지만 바쁘다는 핑계로 표면 아래서 썩고 있는 문제를 해결하기 위한 시간을 내지 않았다. 결국 당회는 반강제로 그를 프레드라는 리더십 코치에게 1년간 상담을 받게 했다. 그는 이 경험에 관해 다음과 같이 썼다.

> 프레드와 그의 조수는 나의 모든 가족, 대부분의 교역자, 나와
> 가장 가까운 친구들 전부를 만나 60개나 되는 질문을 던졌다. 그
> 질문들의 핵심은 "메리트의 장점과 단점은 무엇인가?"였다. 두

번의 모임 동안 프레드와 조수는 솔직한 답변을 기록한 200쪽 분량의 문서를 내게 한 글자씩 또박또박 읽어 주었다.

꼬박 이틀 동안 나는 가만히 앉아서 프레드가 읽어 주는 다음과 같은 진술들에 귀를 기울였다. "메리트는 사람들과 함께 일할 때 관계를 등한시하고 대인 기술이 부족하다." "메리트는 교역자들을 관리하지 않는다. 사랑이 없다. 다가가기 힘든 사람이다." "메리트는 생각하기 전에 말부터 한다." "메리트는 사랑이 부족하다." "우리를 아끼는 것은 알지만 그 마음을 표현할 줄 모른다."

가장 마음이 아팠던 것은 아들 데이비드의 말이었다. "아빠는 화를 너무 잘 낸다." 프레드는 이 진술을 읽을 때 고개를 들어 나를 쳐다보며 내가 그 말을 마음 깊이 새기도록 했다. 나는 고개를 돌릴 수밖에 없었다……

여러 사람에게서 자신에 관한 같은 경험을 반복적으로 들으면 정신이 번쩍 날 수밖에 없다……

나는 무너졌다.

그리고 그것이 나의 새로운 삶의 시작이었다.[3]

메리트는 이렇게 말한다. "처음 프레드에게 상담을 받기 시작했을 때 나는 변할 수 없을까 봐 두렵다고 말했다. 프레드는 수백 명의 리더들을 상담했지만 성공률은 40퍼센트 남짓밖에 되지 않는다고 말했다. 나머지 60퍼센트의 내담자는 계속해서 잘못을 반복하다가 결국 직장과 가족마저 잃고 만다. 프레드는 40퍼센트와 60퍼센트 그룹의 차이를 겸손이라 꼽았다. 그 고비를 넘기고 자신의 리더십과 삶을 새로운 수준으로 끌어올리는 사람들은 다른 사람의 피드백을 진지하게 받아들일 만큼 겸손한 사람들이라는 것이다."[4]

지쳤는가? 혼란에 빠졌는가? 두려운가? 사람들의 이목에 집착하고 있는가? 화가 나 있는가? 원망이 가득한가? 외로운가? 오해를 받고 있는가? 당신의 방법이 통하지 않아 분노를 표출하고 있는가? 그렇다면 스스로에게 중요한 질문을 던져 보기를 강권한다. "내가 이 문제를 다룰 만큼 겸손한가?"

창세기 4장에서 하나님은 가인이 행하려는 일에 관해 엄중하게 경고하신다. 하나님은 그가 느끼는 분노에 관심을 기울이시고 계속해서 그 길로 가지 말라고 경고하신다. 감정의 계기판을 보라. 분노 미터기를 확인하라. 분노 수치는 예수님과의 단절된 삶을 보여 주는 가장 정확한 지표 중 하나다. 중요한 질문은 이것이다. "계속해서 내 방법대로 할 것인가?"

밥 메리트 이야기는 2012년 〈리더십 저널〉(Leadership Journal)에서 소개되었다. 하지만 나는 2020년에서야 그 기사를 읽었다.[5] 그 기사를 읽는 내내 이런 생각을 했다. '이 사람은 내가 아는 밥 메리트와 전혀 다른 사람임이 분명해.' 나는 4-5년 전부터 메리트와 친분을 쌓은 터였다. 그는 이글브룩교회의 담임목사 자리에서 은퇴했지만 내게는 여전히 목사로 남아 있었다. 즉 그는 계속해서 격려하고, 필요할 때는 쓴소리를 아끼지 않았다. 그는 내가 찾아갈 때마다 자신이 목회하면서 겪은 다양한 어려움을 겸손하고도 솔직하게 나누었다.

최근 그와 저녁 식사를 하던 중에 그 기사에 관한 이야기를 꺼냈다. "그 기사를 읽는 내내 '이 사람은 내가 아는 밥 메리트와 다른 사람임이 분명해'라고 생각했습니다." 그는 식사하는 내내 나를 격려하고, 내가 겪고 있는 어려움에 공감해 주었다. 그는 나를 위해 기도해 주었고, 내게 어떤 도움이 필요하든 모든 것을 내려놓고 당장 달려올 사람이라는 확신을 심어 주었다.

그의 방법은 통하지 않았다. 주변의 온갖 요구에 정신없이 바쁜 나머지 예수님과도, 다른 사람들과도 깊이 연결될 시간과 에너지를 찾기가 힘들었다. 점점 그의 분노 미터기 수치가 위험 수준에 다다르기 시작했다. 그의 분노가 주변 사람들에게 표출되기 시작했다. 하지만 그는 다시 예수님과의 연결에 초점을 맞추고 자신의 문제점을 겸손히 다루었다. 예수님과 연결되면서 그는 '자신에게 솔직해질 은혜'와 '자기 행동을 변화시킬 힘'을 얻었다.

그와 저녁 식사를 한 지 몇 달이 지나, 나와 동역하는 교역자 두 명과 모임을 갖게 되었다. 그들은 몇 가지 우려되는 사항들을 내게 나누고자 했다. 이는 전혀 뜻밖의 일이 아니었다. 내가 참여하는 모임에서는 늘 사람들이 '몇 가지 우려되는 사항들을 나누기를' 원한다. 이 모임이 다른 모임과 다른 점은 그 우려 사항이 바로 '나'에 관한 것이었다는 점이다. 당시는 우리 교회가 중요한 변화들을 단행하고 코로나19 팬데믹으로 인한 난관들을 헤쳐 나가느라 더없이 힘든 시기였다. 교역자들은 내가 과중한 업무로 인한 스트레스로 사람들에게 자주 짜증을 낸다는 걸 감지했다. 그들 중 한 명은 내게 "목사님, 요즘 화나 보여요"라고 말했다. 나는 즉시 방어했다. "화가 난 게 아니에요. 그냥 좀 짜증이 날 뿐이에요." 그러고 나서 내가 짜증이 날 수밖에 없는 이유들을 줄줄이 읊었다.

나는 그들의 우려를 받아들이고 시간을 내서 내 문제점을 점검하는 대신, 증거를 대라고 줄곧 요구했다. "제가 목소리를 높인 적이 있나요? 제가 이성을 잃고 길길이 날뛴 적이 있나요? 내가 비꼬는 말이나 가혹한 말을 한 적이 있으면 어디 한번 말해 보세요." 그렇게 말하는데 슬슬 짜증이 나기 시작했다. 내가 말을 마치자 두 사람은 잠시 아무 말도 하지 않았다. 나는 숨을 깊이 들이마시고서, 그들이 말한 것이 바로 이것임을 깨달았다.

그들 중 한 명이 말했다. "목사님의 말이나 행동을 말하는 것이 아닙니다. 그보다는 지금 목사님의 얼굴에 나타난 표정을 말하는 겁니다." 주변에 거울이 없었지만 굳이 없어도 됐다. 내

얼굴에서는 가지가 포도나무에 붙어 있을 때 흘러나오는 온유함을 전혀 찾아보기 힘들었다.

그렇게 앉아 있는데 밥 메리트의 말이 생각났다. 나 스스로에게 이렇게 물었다. "내가 이 문제를 다룰 만큼 겸손한가?" 내 방법은 전혀 통하지 않고 있었고, 하나님은 내가 그릇된 길로 더 나아가기 전에 이 동료 교역자들을 통해 내게 경고하고 계셨다.

이번 장이 당신에게 이런 경종의 역할을 하기를 바란다. 당신에게 현실을 솔직하게 말해 줄 만큼 가깝거나 용기를 지닌 사람이 주변에 없는가? 하지만 누가 말해 주지 않아도 당신 스스로 자신이 예민해져 있다는 사실을 잘 알 것이다. 주변 사람들이 당신에게 아무 말도 하지 않는 것은 당신이 방어적으로 굴고 과잉 반응을 보일 줄 알기 때문이다. 주변 사람들은 당신이 언제 터질지 모르는 활화산 같음을 알고 있다. 그들은 조금만 건드려도 당신이 폭발할 줄 알고 있다.

상황의 심각성을 축소하거나 변명하지 말고 자신의 현실을 있는 그대로 겸손히 받아들이는 것이 어떨까? 숨을 깊이 들이쉬고 나서 하나님의 음성을 듣는 시간을 내 보면 어떨까?

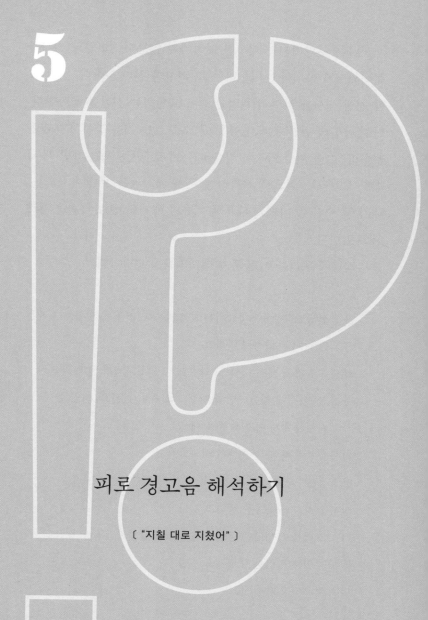

5

피로 경고음 해석하기

〔 "지칠 대로 지쳤어" 〕

나는 웬만해서는 의사를 찾아가지 않는다. 내 담당 의사를 싫어해서가 아니다. 사실, 나는 그 의사와 친한 사이다. 나는 그와 점심 식사를 하면서 재미난 밈을 교환하는 시간을 좋아한다. 단지 나한테 뭔가 문제가 있을 때 그를 보는 것을 좋아하지 않을 뿐이다. 그와 진료 약속을 잡을 때는 주로 "큰 문제는 아닌 게 확실한데요"라는 식으로 시작하는 문자 메시지를 보낸다. 그리고 내가 몇 주간 좀 바쁘기 때문에 여유가 생기면 진료 약속을 잡겠다고 말한다.

　　작년에 우리는 이런 문자 메시지를 주고받았다.

　　나 : 선생님, 뭐가 문제인지는 모르겠는데 요즘 몸이 평소 같지
　　　　않고 자꾸 하품이 나와요.

　　의사 : 뭐가 문제인지 알 것 같은데…… 더 자세히 말해 봐요.

　　나 : 음, 아침에 일어나면 어지럽고 의욕이 없어요. 최근 들어
　　　　사람들에게 자주 짜증을 내요.

　　의사 : 충분히 자고 충분히 쉬나요?

　　나 : 😬

　　의사 : 식사와 운동은 잘하고 있나요?

　　나 : 그러는 선생님은 금식과 십일조는 잘하고 있나요?

　　의사 : 이제 진단을 내릴게요.

　　나 : 각오하고 들을게요.

의사 : 피곤해서 그래요.

나 : 🙄

　내가 피곤한 상태라는 진단을 듣고서 나는 피곤의 원인을 찾기 위한 인터넷 무한 검색의 늪에 빠져들었다. 영양 부족, 갑상선 이상, 호르몬 불균형, 부신 문제, 갱년기 장애 등 다양한 가능성이 존재했다. 어떤 식으로든 설명이 필요했다.

　한참 검색한 뒤 내가 발견한 사실들을 내 담당 의사에게 문자 메시지로 보냈다. 그리고 피로를 가시게 해 줄 처방전을 기대했다. 그러자 의사는 병원에 와서 몇 가지 검사를 받으라고 권했고, 결국 나는 각종 검사 장비에 연결된 선을 몸에 붙이고 피를 한 바가지나 뽑았다.

　드디어 결과가 나왔다. 내 상태는 완벽히 건강하다는 것이다. 모든 수치가 정상이었다. 도무지 말이 되지 않았다. 나는 몸의 이상을 분명히 느끼고 있는데 다 정상이라니. 의사는 공식 진단과 처방을 받아 적을 준비를 하라고 했다. "피곤한 상태니 좀 쉬세요."

　내 몸은 내가 살아온 방법대로 계속해서 돌아가지 못할 지경에 이르렀다. 내 방법은 삶의 속도를 늦추지 않는 것, 계속 달리는 것이었다. 아내와 아이들, 친구들이 쉬라고 말할 때마다 내 대답은 똑같았다. "요즘은 바쁜 시기야."

문제는 '지난 4년 내내' 바쁜 시기였다는 것. 오죽하면 친구들과 가족들이 나의 '바쁜 시기'에 관한 농담을 할 정도였다.

그즈음 한 친구가 쉼에 관한 좋은 설교를 발견했다는 문자 메시지를 내게 보냈다. "바쁜 시기인 건 알지만 이 설교를 보내 줄 테니 꼭 한번 들어 봐." 내가 꼭 들어 보겠다고 대답하자 그는 그 설교 링크를 보내 주었다. 다름 아닌 내가 몇 년 전 쉼의 중요성에 관해 했던 설교였다.

점점 정신이 나기 시작했다. 나는 너무 바빴다. 너무 많은 것에 정신을 팔고 있었다. 살인적인 스케줄은 나를 피곤하게 만들 뿐 아니라 예수님과 주변 사람들에게 깊이 연결되는 것을 방해하고 있었다. '바쁜 시기'가 너무 오래 지속되었다. 이제 억지로라도 쉬어야만 했다.

딱 하나만 더

내 방법은 여전히 통하지 않고 있었다. 내 방법의 의도는 좋지만 그 의도가 그렇게 대단히 강하지는 않았기 때문이다. 나는 예수님과 다른 사람들에게 깊이 연결될 만큼 충분한 여유가 있는 삶을 살겠다는 좋은 계획을 간직하고 있었다. 하지만 그 계획이 그렇게 대단히 강하지는 않아, 새로운 기회나 가치 있는 요청이 나타나면 '딱 하나만 더'라는 생각으로 그것을 받아들였다. 하나를 더한다고 해서 내가 바로 무너지지는 않기 때문에 그런 식으로 일을 내 스케줄에 하나씩 추가했다.

'딱 하나만 더'라는 내 방법은 더 이상 안 통했다. 우리 삶의 스케줄에는 복리 효과가 작용한다. 우리는 딱 하나의 스케줄만 더할 뿐이며, 그 하나 자체로는 대단치 않게 보인다. 하지만 그 하나 때문에 다른 모든 것이 훨씬 버겁게 느껴진다.

최근 헬스클럽에서 자신의 벤치프레스 기록에 도전하는 한 남성을 보았다. 225파운드(약 102킬로그램)까지 성공한 그는 230파운드(약 104킬로그램)에 도전했다. 그는 내게 바벨봉 양쪽에 각각 2.5파운드(약 1.1킬로그램)짜리 원판을 더하라고 말했다. 원판 하나쯤이야 대수롭지 않아 보였다. 자랑은 아니지만 내가 새끼손가락 하나로도 들 수 있을 정도였다. 그는 봉을 들어 올렸다 천천히 가슴 중앙까지 낮추었다. 하지만 아무리 다시 들어 올리려고 애를 써도 그럴 수 없었다. 생각보다 무거웠다. 결국 그는 끙끙거리며 내게 도움을 청했다. 2.5파운드의 원판 자체로는 무게감이 크게 없어도 나머지 원반들에 그 무게감이 더해지자 생각 이상으로 무거워졌다.

삶의 스케줄을, 우리가 들어 올려야 할 바로 생각해 보라. 하나의 원판만 끼운 바벨봉은 들어 올리는 게 그리 어렵지 않다. 하지만 삶은 그런 식으로 이루어지지 않는다. 이미 다른 원판들이 끼워져 있는 봉에 원판 하나를 더하면 봉 전체에 실린 무게감이 엄청나진다. 직장에서 일하는 시간 45파운드. 가정에서 맡은 책임 35파운드. 운동하는 시간 25파운드. 교회 활동 10파운드. 일주일에 3일씩 잡은 카풀 봉사 5파운드. 이 원판들 하나하나는 감당할 만하지만 이것들이 바벨봉에 하나씩 더해지다 보면 전체가 감당할 수 없을 만큼 무거워진다.

우리는 전체에 하나를 더할 때 발생하는 복리 효과를 과소평가하기 쉽다. 그리하여 하나씩 하나씩 원판을 더하다 언젠가 너무 무거워진 바벨봉을 들어 올려야 하는 시점이 온다는 점을 잊어버린다.

바쁨이 정상이 된 시대

우리를 지치게 하는 것은 '더 많이'만이 아니다. 삶의 속도도 우리 에너지를 고갈시킨다. 문제는 우리가 계속해서 삶에 새로운 것을 추가하는 동시에 삶의 속도를 계속해서 높이고 있다는 것이다. '더 많이'와 '더 빨리'란 단어가 지금 우리 삶을 대변하고 있지만, 연결에는 충분한 '여유'와 '시간'이 필요하다.

내 친구 중 한 명에게서 초등학교 2학년 딸에 관한 흥미로운 이야기를 들은 기억이 난다. 친구의 딸은 아빠에게 수영부에 들어가고 싶다고 말했다. 아빠가 이유를 묻자 딸은 친구들과 재미있게 놀고 싶다고 대답했다. 경쟁심이 강하지 않은 딸다운 답변이라고 생각한 그는 딸아이의 부족한 경쟁심을 키우는 데 도움이 될까 싶어 딸이 수영부에 들어가도록 허락해 주었다.

딸을 수영 수업에 몇 번 데려다준 그 친구는 수영하는 딸의 모습에 몹시 실망했다. 시합 때마다 딸이 거의 꼴찌로 들어왔기 때문이다. 더군다나 꼴찌를 해도 아무렇지도 않은 딸이 몹시 신경 쓰였다. 딸이 즐거운 시간을 보내는 것은 좋지만 승부에 전혀 관심 없는 모습은 마음에 안 들었다. 하루는 수영이 끝나고 딸에게 물었다. "최선을 다하고 있는 거니? 물속에서 최대한 빨리 가려고 노력하는 거야?"

딸의 솔직한 대답은 전혀 예상 밖이었다. "전혀요. 그냥 친구들과 노는 건데요." 대화 중에 친구는 딸에게 경주라는 개념이 전혀 없음을 깨달았다. 남들보다 더 빨리 가는 게 목표임을 그 누구도 명확히 알려 주지 않은 것이 분명했다. 수영부에 들어간 딸의 목표는 오로지 그냥 친구들과 반대편까지 헤엄만 치면 되는 거였다. 친구들보다 빨리 가야겠다는 생각은 아예 없었다.

이 시점에서 내 친구는 선택해야 했다. 딸에게 이건 누가 가장 빨리 가는지 확인하기 위한 경주라고 말해 줘야 할까? 수영장 안에서는 결승선까지 몇 초나 걸리는지가 딸의 가치를 결정하는 것이라고, 최대한 빨리 헤엄쳐야 하고, 다른 어느 친구들보다 빨리 가야 최고가 된다고 말해 줘야 할까? 아니면 딸이 물속으로 다이빙하며 친구들과 헤엄치는 것을 즐기도록 놔둬야 할까? 결국 친구는 딸에게 이렇게 말했다. "이건 시합이야. 수영부에 계속 있고 싶다면 이제부터 경주를 해야 해."

친구의 딸은 빨리 헤엄치는 것에는 도무지 아무 관심이 없었다. 그 아이는 그냥 친구들과 재미있게 놀고 싶었다. 하지만 어른인 아빠가 볼 때 수영부에 들어가는 목적은 다른 사람들과 친밀해지는 것이 아니었다. 그저 그들보다 더 빨리 헤엄치는 것이 목표였다.

나이를 먹을수록 우리는 관계보다 '더 많이'와 '더 빨리'를 선택한다. 하지만 이런 삶의 방식은 통하지 않는다. 목사로서 나는 평생 경주에서 이기는 것을 목표로 삼아 온 사람들의 장례식을 자주 인도했다. 그들은 더 강해지고 더 빨라지기 위해 자신을 극한까지 밀어붙였고, 각종 메달과 수상 리본으로 자신의 가치를 평가했다. 그리고 그 대가는? 함께 헤엄치는 가족이나 친구들과 친밀해질 시간이 거의 없었다.

수잔 코벤 박사는 매사추세츠 종합병원(Massachusetts General Hospital)의 내과전문의다. 2013년 그는 〈보스턴 글로브〉(Boston Globe)에 자신의 환자 사이에서 유행하는 '유행병'에 관한 글을 기고했다.

지난 몇 년 동안 나는 일종의 유행병을 목격했다. 같은 병세를 보이는 환자들이 줄줄이 나왔다. 이 병의 증상은 피로, 짜증,

불면증, 불안, 두통, 속 쓰림, 위장 장애, 요통, 몸무게 증가 등이다. 혈액 검사나 엑스레이 검사에서는 아무런 이상이 나타나지 않지만, 이 병을 감지하기는 쉽다. 병명은 '과도한 바쁨'이다.[1]

과도한 바쁨은 정말로 유행병이다. 꽤 오랫동안 전 세계적으로 유행해 온 병이다.

구약성경을 보면 엘리야는 자신의 방법이 통하지 않고 있음을 깨닫는다. 열왕기상 19장 4절은 이렇게 말한다. "한 로뎀 나무 아래에 앉아서 자기가 죽기를 원하여 이르되 여호와여 넉넉하오니 지금 내 생명을 거두시옵소서."

엘리야는 죽음을 생각할 만큼 절망한 상태였다. 삶에 지칠 대로 지친 그는 하나님께 더 이상 고난을 감당할 수 없다고, 더 이상 살기 싫다고 말했다. 그가 어쩌다 이 지경까지 이르렀는지 이해하려면 시계를 돌려 약 3년 반 전으로 돌아가야 한다.

엘리야는 아합왕에게 하나님께 반역한 국가적 죄로 인해 하나님이 가뭄을 일으키실 것이라고 경고했다. 하지만 아합왕은 이 경고를 심각하게 받아들이지 않았다. 결국 엘리야가 말한 그대로 비가 오지 않는 나날이 지속되었고, 당시 많은 사람이 가뭄이 온 것을 다 엘리야 탓으로 돌리며 엘리야를 싫어했다. 이에 목숨의 위협을 느낀 엘리야는 도망치며 숨어 다녀야 했다. 그는 누군가가 자신을 찾아 죽일지도 모른다는 강박관념에 시달렸다.

끈질기게 이어지던 가뭄은 그야말로 극적으로 끝이 나게 된다. 엘리야는 숨은 곳에서 나와 450명의 거짓 선지자들에게 한 분이신 참된 하나님을 가리는 시합을 하자고 도발했다. 갈멜산에서 그들을 만난 엘리야는, 자신은 하나님께 제단을 쌓을 테니 그들은 그들의 신인 바알에게 제단을 쌓으라고 말했다. 그러고 나서 그들은 각자 자신들의 신에게 제단에 불을 내려 응답해 달라 간구하자고 합의했다(왕상 18:22-24).

바알의 선지자들은 거짓 신에게 간구했다. 그들은 자기 신의 관심을 사려고 자해까지 서슴지 않았다. 엘리야는 그들을 비웃으며 도발했다. 바알 선지자들은 결국 포기했고, 이제 엘리야 차례였다. 엘리야는 난이도를 더 높이기로 결심하고, 제단을 물로 흠뻑 적시게 했다. 그러고 나서 그가 간단한 기도를 한 번 드리자 즉시 하나님이 하늘에서 불을 내려 제단을 타오르게 하셨다. 눈앞에서 이 광경을 지켜본 모든 백성이 엎드려 하나님을 예배하기 시작했다.

엘리야는 아합왕에게 백성들이 회개하고 하나님께로 돌아왔기 때문에 가뭄이 끝나고 하나님이 큰 비를 내리실 것이라 말했다. 그리고 모든 일이 엘리야가 예언한 그대로 일어났다. 하나님의 능력으로 충만한 엘리야는 폭우 가운데 무려 30킬로미터에 달하는 거리를 뚫고 이스르엘까지 단숨에 달려갔다.

이 이야기가 열왕기상 19장에서 엘리야가 로뎀 나무 아래에 앉아 하나님께 이젠 더 이상 버틸 수 없다고 말하게 된 상황의 배경이다. 3년 넘게 그는 이를 악물고 버텼다. 3년 넘게 그는 강인한 모습을 보였다. 3년 넘게 그는 불가능에 맞섰다. 그리고 마침내 큰 승리를 거두었다. 그렇다면 어느 때보다 기운이 넘치고 기분이 좋아야 마땅하다. 하지만 정반대로 그는 완전히 지치고 말았다. 그리고 그의 피로는 그를 우울증과 절박감으로 몰아갔다.

엘리야의 피로에 영향을 미친 요인은 무엇인가?

장기간의 고립. 엘리야는 오랫동안 홀로 도망치고 남들에게서 숨어 지냈다. 언뜻 생각하면, 혼자만의 시간이 충분히 주어지면 몸도 마음도 다 회복될 것만 같다. 물론 한동안은 그럴 수 있다. 하지만 오랜 시간을 혼자 보내 본 사람이라면 그런 시간이 사람을 얼마나 지치게 만드는지를 잘 알 것이다. 우리는 홀로 지내도록 창조되지 않았다. 사회적 거리 두기는 처음에는 편안함을 주지만 결국 우리를 지치고 우울하게 만든다.

힘든 대화. 힘든 대화는 정서적으로 메마르게 한다. 이것이 대부분의 사람이 힘든 대화를 피하는 이유다. 엘리야는 아합왕 앞에 서서 하나님이 가뭄을 내리실 것이라고 말했다. 이런 대화를 한다는 것은 나중에 끊임없는 위협 속에서 살게 된다는 뜻이다.

흔들리는 인간관계. 엘리야를 싫어한 사람은 왕만이 아니었다. 많은 사람, 심지어 그를 따르던 사람들도 자신들의 상황에 대해 그를 탓했다. 엘리야는 하나님께 순종했을 뿐이지만, 주변 사람들이 길길이 날뛰는데도 하나님이 시키시는 대로 하는 것은 여간 피곤한 일이 아니다.

오랜 불확실성. 엘리야를 지치게 만든 또 다른 요인은 가뭄이 얼마나 오래 지속될지 몰랐다는 점이다. 힘들어도 그 시기가 언제 끝날지 알면 그나마 낫다. 하지만 언제까지 버텨야 할지 모르면 견디기가 훨씬 힘들어진다.

영적 전쟁. 엘리야는 거짓 선지자들에게 홀로 맞섰다. 그는 기도하며 하나님께 도움을 청했다. 이 상황은 엄청난 믿음을 요구했다. 그것은 그를 정서적으로, 영적으로 지치게 할 만큼 극도로 힘든 상황이었다.

육체적 고생. 무엇보다도 엘리야는 30킬로미터 가까이 달렸다(생각해 보라. 엘리야는 약 2시간 반을 달려 거의 2천 칼로리를 소모했다. 게다가 그는 운동화를 신고 가끔씩 멈춰서 이온 음료를 마셔 가며 편평한 트랙을 달린 것이 아니다). 그의 몸은 완전히 방전되었다. 당신은 어떤가? '이번 일만 끝나면 삶이 편해질 거야'라고 생각하며 계속해서 달리고 있는가? 멈추지 않고 있는가? 곧 편해질 거라 희망하며 계속해서 난관을 뚫고 나가는 중인가? 하지만 에너지는 금세 바닥이 나 공허함을 느낀다.

성취의 정상에서 피로의 골짜기로

큰 승리를 거두면 기진맥진해질 거라 생각하는 사람은 별로 없을 것이다. 하지만 정작 정상에 올라선 뒤 피로의 골짜기로 곤두박질치는 경우가 드물지 않다. 운동선수들에게서 이런 현상을 볼 수 있다. 올림픽에 참가하는 선수들은 단 한순간의 경쟁에 온 신경을 집중한 채 수년간 훈련한다. 하지만 올림픽이 끝나면 놀라운 성적을 거두었다 해도 심신이 완전히 탈진해 버려 심지어 우울증에 빠지는 경우가 더러 있다.

마이클 펠프스는 역사상 가장 큰 업적을 쌓은 올림픽 선수 중 한 명이지만 자신이 세계 최고라는 사실을 증명하고 나니 더 이상 이룰 것이 없어 허무함이 찾아왔다. 2020년 다큐멘터리 〈금메달의 무게〉(The Weight of Gold)에서 그는 올림픽 이후의 삶을 깊이 돌아본다. 모든 것을 이룬 뒤에 우울증을 경험한 사람은 펠프스만이 아니다. 그는 이렇게 말한다. "뭘 해야 할지 모르는 상태에 빠진다. 무려 80퍼센트, 어쩌면 그 이상이 올림픽 이후 우울증에 시달린다."[2]

허무함이 밀려들다

자신의 전부를 쏟았는데도 아무런 효과가 없을 때만큼 지칠 때도 없다. 엘리야는 희망을 잃지 않으려고 애를 썼지만 힘 빠지게 하는 소식이 연달아 날아왔다. 열왕기상 19장 1-2절은 이렇게 당시 상황을 알려 준다. "아합이 엘리야가 행한 모든 일과 그가 어떻게 모든 선지자를 칼로 죽였는지를 이세벨에게 말하니 이세벨이 사신을 엘리야에게 보내어 이르되 내가 내일 이맘때에는 반드시 네 생명을 저 사람들 중 한 사람의 생명과 같게 하리라."

이세벨은 엘리야의 목숨을 거두기 위해 살수들을 보냈다. 엘리야는 힘이 빠졌을 게 분명하다. '아무것도 변하지 않았어. 이세벨이 여전히 이 나라를 손아귀에 쥐고 있구나. 내가 이번에 큰 승리를 거두긴 했지만 상황은 다시 원점으로 돌아갔어.'

내 방법이 통하지 않으면 더 이상 애쓸 필요가 없다는 생각이 들기 시작한다. 아무런 변화가 보이지 않는다. 그러다 보면 오래지 않아 피로 경고음이 울린다.

부부 관계의 회복을 위해 최선을 다했지만 일주일 뒤에도 아무런 변화가 없어 보인다. 노력하고 또 노력했다. 하지만 상황은 계속해서 도돌이표 같다. 똑같은 말싸움. 똑같은 비난. 똑같은 담 쌓기. 아무리 노력해도 소용없어 보인다.

재정적인 안정을 이루기 위해 노력한다. 그런데 빚을 다 갚아갈 즈음 자동차가 고장나 막대한 수리비가 발생한다.

부모로서 다른 모습을 보이기 위해 최선을 다한다. 양육 관련 서적을 읽고 온갖 팟캐스트를 찾아 듣는다. 이전과 다르게 행동하려고 얼마나 애쓰는지 모른다. 하지만 아이들은 여전히 다

투고 불평투성이다. 사나흘쯤 지나면 다 부질없는 짓처럼 여겨진다. 아무것도 변한 게 없다. 이젠 정말 지친다.

연결의 적

엘리야도 지난 3년 반 동안 자신이 해 온 노력을 과소평가했다. 그는 결국 극심한 피로감에 빠졌다. 그의 다음 행동도 도움이 되지 않았다. 그 역시 우리 대부분이 피곤할 때 하는 행동을 취했다. 즉 사람과 단절되는 쪽을 택했다. 열왕기상 19장 3-4절은 이렇게 말한다. "그가 이 형편을 보고 일어나 자기의 생명을 위해 도망하여 유다에 속한 브엘세바에 이르러 자기의 사환을 그곳에 머물게 하고 자기 자신은 광야로 들어가 하룻길쯤 가서."

지칠 대로 지친 엘리야는 아무와도 어울리고 싶지 않았다. 사람들과 단절된 채 홀로 지냈다. 우리의 방법이 통하지 않아 극심한 피로와 우울증이 찾아올 때 우리에게 가장 필요한 것은 대개 우리가 가장 원하지 않는 것인 경우가 많다. 엘리야는 다른 사람들을 위한 에너지가 남아 있지 않았지만 혼자 있는 시간이 너무 긴 것도 해답은 아니었다.

가족과 함께 새로운 곳으로 이사했는데 아직 주변에 아는 사람 한 명 없는가? 홀로 사는 아파트에서 텔레비전만 켜 놓은 채 이 책을 읽고 있는가? 텔레비전을 보고 싶어서가 아니라 그냥 외로움을 더는 데 도움이 될까 싶어서? 배우자와 함께 한 침대에 누워 있지만 당신을 알지 못하거나 이해하지 못하거나 당신을 받아 주지 않는 사람과 결혼한 것만 같은가? 지금 친구가 없어서 외롭지만 새로운 친구를 사귈 만한 몸과 마음의 여유가 없는가?

극도로 지친 상태에서는 연결을 유지하기가 어렵다. 연결을 위해 노력하거나 시간을 내기에는 너무나 피곤하다. 〈시애틀 타임스〉(Seattle Times)는 UCLA 가족 일상 센터(UCLA Center on Everyday Lives of Families)에서 진행한 한 연구 결과를 소개한 적이 있다.[3] 서른두 가정을 4년간 관찰한 연구였다. 다양한 시간과 다양한 환경에서 1,600시간 이상 그 가족들을 관찰하고 동영상으로 기록했다. 동영상 기록을 살피던 연구가들은 사람들이 살아가는 속도가 너무 빠르다는 사실을 발견했다. 이 가족들은 정해진 스케줄로 정신없이 바쁠 뿐, 서로를 위한 시간이나 정서적 에너지는 거의 남아 있지 않았다.

어느 동영상은 퇴근 후 침실로 들어가는 남자의 모습을 보여 준다. 아이들은 이미 잠들어 있고, 아내는 빨래를 개고 있다. 입맞춤은 커녕 인사조차 없다. 대신 부부는 조리대 위에 누가 음식을 남겨 놓았는지를 놓고 아침에 시작했던 말다툼을 다시 이어 간다.

다른 동영상에서는 한 엄마가 아침에 서둘러 출근 준비를 하고 있다. 준비가 끝나는 대로 곧장 달려 나갈 기세다. 고개를 들어 단 한마디의 인사도 하지 않는 어린 딸. 마침내, 어색한 분위기를 견디다 못한 가정부가 아이의 옆구리를 찌른다. 그제야 딸이 엄마에게 "다녀오세요"라고 인사하지만 끝내 쳐다보지는 않는다.

또 다른 동영상에서는 카메라가 비좁은 서재로 들어가는 한 덩치 큰 남자를 비춘다. 서재에서는 그의 아들이 두 친구와 함께 게임 중이다. 남자는 아들의 머리를 쓰다듬지만 아들은 아무런 반응도 없다. 아버지가 가려고 몸을 돌리자 그제야 아들은 컴퓨터를 가리키며 중얼거린다. "컴퓨터 고쳐 주러 온 줄 알았는데……."

UCLA 연구 결과를 보면, 여유 시간이 있는 사람은 거의 없었다. 서른두 가정 중에서 아버지가 저녁에 자주 가족들과 산책을 나가는 가정은 한 가정밖에 없었다. 심지어 다섯 가정은 온 가족이 같은 공간에 머문 적이 한 번도 없었다. 결론은 이렇다. 살인적인 스케줄에 쫓겨 사는 이 바쁜 가족들은 서로 연결되어 친밀해지기 위한 시간이나 에너지가 거의 바닥이었다.

바쁨은 연결을 방해하는 적이다.

엘리야의 피로 경고음이 울리고 있었다. 하지만 그는 그 소리가 들리지 않는 듯했다. 하지만 하나님이 그 소리를 들으셨고 쉼을 통해 그가 다시 연결되도록 도우셨다.

〔엘리야가〕 로뎀 나무 아래에 누워 자더니 천사가 그를 어루

만지며 그에게 이르되 일어나서 먹으라 하는지라 본즉 머리맡에 숯불에 구운 떡과 한 병 물이 있더라 이에 먹고 마시고 다시 누웠더니"(왕상 19:5-6).

하나님은 자상하고도 참을성 있게 엘리야를 대해 주셨다. 하나님은 그를 쉬게 해 주셨다. 우리의 방법이 통하지 않았을 때 가장 영적인 일은 낮잠을 자는 것일 수 있다. 엘리야는 잠을 자고 일어나 먹고 마신 뒤에 다시 잠에 빠져들었다. 보다시피 하나님은 "해가 중천에 떴다"거나 "죽고 나면 실컷 잘 수 있다"라는 말씀을 하시지 않았다. 창조의 시작점에서부터 쉼은 언제나 하나님이 사용하시는 방법이었다.

내 의사가 피로라는 진단을 내린 지 얼마 되지 않아 나는 교역자들과 마주 앉아 말했다. "아무래도 쉬어야겠어요." 사실, 그들은 내게 쉼이 필요하다는 사실을 이미 알고 있었다. 지나고 나서 보니 그들은 나보다도 먼저 알고 있었던 게 분명하다. 그들은 내 방법이 통하지 않고 있다는 점을 눈치채고 있었다. 내가 달리던 속도는 지속 가능한 속도가 아니었다. 나는 내 피로가 하나님과의 연결, 다른 사람들과의 연결을 방해하고 있다는 사실을 가장 뒤늦게 깨달은 사람이었다. 너무 바쁜 나머지 그 사실을 보지 못하고 있었다.

지독히 힘들었던 3년 반의 노고를 풀기에 나는 한 달의 쉼이면 충분하다고 생각했다. 하지만 우리 교역자들은 그 문제를 놓고 기도한 후에 다시 찾아와 세 달이 적절하다는 의견을 내놓았다. '3개월씩이나?' 처음에 나는 온갖 이유를 들어 거부했다. 가장 큰 세 가지 이유는 다음과 같았다.

1. 세 달 동안이나 뭘 할 것인가. 금방 지루하고 불안해질 것이 분명했다.
2. 창피했다. 나는 성도들이 예수님과 다른 사람들에게 연결되도록 도와야 할 목사 아닌가.
3. 내가 쉬는 동안 무슨 일이 일어날지 모른다. 온갖 문제가 발생할 것이 분명하다.

안식월 3개월을 추천받았다는 말을 아내에게 했더니 아내는 "오, 하나님, 감사합니다!"라고 말했다. 아내는 사랑하는 남편의 삶이 지속 불가능한 속도로 달려가는 모습을 보며 오랫동안 기도해 왔기에 그런 탄성을 지를 수밖에 없었다. 하나님은 아내의 기도에 응답해 주셨다(아내는 "오, 하나님, 감사합니다!"라고 말한 뒤에 "잠깐, 그렇다면 당신이 종일 집에 있게 된다는 건가요?"라고 말했다. 기쁜 목소리로 이 질문을 읽었는가? 그렇다면 곰곰이 생각하고서 다시 읽어 보라).

서로 삶에 대해 아낌없는 격려와 조언을 해 주는 내 친구들은 내 말을 듣고 이렇게 말했다. "감사로 받아야 할 선물을 거부하고 있네."

나는 결국 그 선물을 감사로 받았다. 처음에는 비생산적으로 빈둥거리는 것 같아서 답답했다. 그때 내 상담심리사는 이렇게 말했다. "비생산적으로 빈둥거리는 것 같다면 제대로 하고 있는 겁니다."

이 문제를 놓고 기도하자 예수님은 이렇게 말씀하셨다. "너희는 피곤하고 지쳤느냐? 종교 생활에 탈진했느냐? 나에게 오너라. 나와 함께 길을 나서면 너희 삶은 회복될 것이다. 내가 너희에게 제대로 쉬는 법을 가르쳐 주겠다. 나와 함께 걷고 나와 함께 일하여라. 내가 어떻게 하는지 잘 보아라. 자연스러운 은혜의 리듬을 배워라"(마 11:28-29, 메시지). 그래서 그 말씀대로 했다. 그 세 달 동안 나는 우리 농장 주변을 300킬로미터 이상 걸었다(그 이상은 거리를 재지 않았다. 어느 순간부터 "세 달 동안 몇 킬로미터를 걸을 수 있을까?"라며 따지는 나를 발견했기 때문이다).

예수님과 더욱 깊이 연결될수록 삶이 서서히 회복되면서 자연스러운 은혜의 리듬을 배워 가기 시작했다.

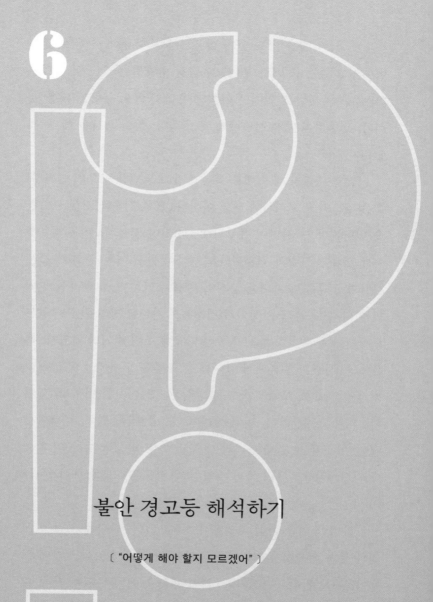

6

불안 경고등 해석하기

〔 "어떻게 해야 할지 모르겠어" 〕

지금 이 책을 읽고 있는 많은 독자들의 삶에서 온갖 일이 벌어지고 있는 줄 안다. 어떤가? 당신의 방법은 잘 통하고 있는가? 결혼한 사람도 있지만 아직 결혼하지 않은 사람도 많을 것이다. 결혼하지 않은 사람에게 묻고 싶다. 이런 생각을 해 본 적 있는가?

'만일 지금의 내 식대로 살다가 홀로 노년을 맞으면 어쩌지? 혹은 결혼하고 후회하게 되면 어쩌지? 혹은 결혼하고 싶은 사람을 만나지만 그 사람이 유부남(유부녀)이면 어쩌지? 혹은 결혼했는데 잘못된 사람과 결혼했다는 생각이 들면 어쩌지? 혹은 좋은 사람과 결혼해서 자녀를 낳지만 환경이 나쁜 도시에서 살게 되면 어쩌지? 혹은 좋은 사람과 결혼해서 자녀를 낳고 환경도 좋은 도시에서 살지만 자녀를 안 좋은 학교에 보내게 되면 어쩌지? 혹은 좋은 사람과 결혼해서 자녀를 낳고 좋은 도시에서 살고 자녀를 좋은 학교에 보내지만 잘못된 직장에 들어가면 어쩌지? 도저히 그만둘 수는 없어. 먹여 살려야 할 처자식이 있어. 주택담보 대출, 자동차 보험료, 학자금 대출금, 매일 마셔야 하는 커피 값도 감당해야 해. 우리 아이 치열 교정 비용은 어떻게 내야 한담? ......'

하지만 지금 이런 고민을 할 틈도 없다. 답장해야 할 이메일과 문자 메시지가 산더미처럼 쌓여 이 책마저 읽을 시간이 없는가? 은퇴해서도 걱정이다. 은퇴 계획은 어떻게 되어 가는가?

커피 값만 아꼈어도 지금쯤 백만장자가 되었을 수도……. 아, 이제 너무 늦었다. 그러니 그냥 샷 추가에 그란데 사이즈로 마시는 편이 나을지도 모른다. 아니, 그렇게 마셔야 한다. 남은 평생 죽도록 일해야 하니까.

자, 당신의 방법은 잘 통하고 있는가?

연결된 삶을 살지 않으면 반드시 나타나는 감정 중 하나는 불안이다. 불안의 전형적인 증상은 두려움, 초조, 짜증, 불면증, 자신감 부족이다. 하지만 불안이 야기하는 증상을 쭉 나열하자면 도무지 끝이 없다. 호흡 곤란, 흉통, 집중력 부족, 소화불량, 두통, 근육 긴장, 무기력에 이르기까지 그야말로 다양하다. 불안의 감정은 기억력 저하와 건망증도 유발한다.

불안은 다른 감정들에 강한 영향을 미칠 수 있다. 불안은 동요, 분노, 짜증의 형태로 표출되곤 한다. 불안은 우리를 언짢고 외롭고 슬프고 우울하게 만들 수 있다.

불안이 육체적 증상으로 쉽게 표출되는 사람들이 있다. 내 지인 중 한 명은 전혀 불안하지 않다고 말한다. 자신은 전혀 스트레스를 받지 않는다고 말한다. 하지만 그는 편두통과 고혈압으로 고생 중이다. 불안은 급작스러운 체중 증가나 감소에 영향을 미치고, 심지어 몸의 냄새, 탈모, 심한 겨드랑이 땀을 유발하기도 한다.

불안 증상 목록에는 이명, 소리와 냄새에 대한 과민성, 구강

악취도 포함된다. 이외에도 증상을 나열하자면 끝이 없지만 요지는 간단하다. 불안 경고등이 켜지면 눈을 가리고 무시하지 말라는 것이다.

아침에 눈을 떠서 '오늘은 하나님의 뜻을 무시하고 내 방법대로 하겠어'라고 의식적으로 결심하는 사람은 없으리라. 사실, 우리는 자신이 어떤 상태인지 인식하지 못할 때가 많다. 그래서 불안이 느껴진다면 그것을 경고로 받아들여야 한다. 가던 삶을 멈추고 우리가 누구의 길을 따르고 있는지 진지하게 돌아보아야 한다.

불안이 우리의 방법이 통하지 않다는 경고 신호 중 하나인 것은 전혀 놀라운 일이 아니다. 미래에 어떤 일이 일어날지에 관한 생각이 불안감을 일으키는 것은 단순히 미래에 대한 불확실성 때문만이 아니다. 우리가 미래를 얼마나 통제하지 못하는지를 알기 때문에 짓눌리는 것이다.

심리치료사인 에드워드 할로웰 박사는 불안에 관해 다음과 같은 등식을 소개했다. 그는 불안을 "유해한 걱정"이라고 부른다.[1]

고조된 취약성 + 통제력 부재 = 유해한 걱정

자신이 특히 취약하게 느껴지는 상황에 처하거나 그런 미래를 앞두고 있지만 우리 힘으로 할 수 있는 일이 별로 없을 때마다 우리는 불안을 느낀다. 내 방법이 통하지 않을 때, 내게 상황이나 결과를 통제할 힘이 없는 것처럼 느껴질 때 불안해지기 시작한다. 이것이 우리가 로버트 리히 박사가 말하는 "불안의 시대"에 살고 있는 이유 중 하나다.[2]

현대인은 전에 없이 자율을 추구하면서 동시에 모든 것이 극도로 불확실하게 느껴지는 시대와 문화 속에서 살고 있다. 인터넷과 실시간 뉴스 때문에 우리는 자신이 얼마나 취약하고 무기력한지를 수시로 인식하며 살아가고 있다. 우리는 자신의 방법이 통하지 않을 것이라는 사실을 본능적으로 알고 있다. 인류가 지금만큼 심한 불안감에 시달리며 사는 시대는 일찍이 없었다(이에 관한 증거로 몇 가지 통계를 제시할 수도 있지만 불안감이 하루가 다르게 극적으로 증가한다는 사실은 당신이 그 데이터를 읽을 즈음이면 그 데이터가 이미 과거 데이터가 될 가능성이 높다는 뜻이다).

불안의 이유

앞에서 우리는 우리의 단절 상태를 진단하면서 자신의 방법이 통하지 않는 상황에 처한 여러 구약성경 인물들을 살펴보았다. 이 구약성경 이야기들은 하나님과 더 깊은 연결의 필요성을 보여 주며, 단절된 삶을 살 때 나타나는 감정들을 인식하는 데 도움을 준다.

불안감은 우리 스스로가 취약하고 무기력하다고 느낄 때 하나님과 연결되어 그분의 능력을 의지하지 않고 자신의 힘으로 헤쳐 나가려 하고 있다는 사실을 가리키는 경고등이다.

출애굽기에 기록된 모세와 불이 붙었으나 타지 않던 떨기나무 이야기를 기억하는가? 하나님은 그분의 백성을 애굽에서 구해 낼 임무를 위해 모세를 보낼 참이셨다. 모세는 이 임무에 관해 들을 때 분명 '고조된 취약성'과 '통제력 부재'를 경험했을 것이다.

하나님의 말씀에 대한 그의 반응은 그의 불안감을 보여 준다. 출애굽기 3장 11절은 이렇게 기록한다. "모세가 하나님께 아뢰되 내가 누구이기에 바로에게 가며 이스라엘 자손을 애굽에서 인도하여 내리이까." 이는 겸손에서 나온 말이 아니었다. 모세는 자신과 주변 상황에 대한 불안에 시달리고 있었다. 그의 불안을 유발한 몇 가지 이유를 분석해 보자.

실패한 전적이 있다

모세가 광야에서 무명인으로 살았던 것은 애굽 왕궁에서 도망쳤기 때문이다. 젊은 시절 애굽에서 살 때 그는 노예로 전락한 동포가 학대당하는 모습을 보고 분개했다. 하루는 한 애굽인이 자신의 동포인 히브리인을 때리는 광경을 보고 도저히 가만히 있을 수 없었다. 결국 그는 그 애굽인을 죽였고 그 시체를 모래 더미에 파묻었다(출 2:11-22). 그 일로 그는 이전까지 누려 왔던 삶을 뒤로한 채 목숨을 건지기 위해 도망쳐야 했다. 그는 자신의 방법대로 일을 처리하려고 했지만 그 방법은 통하지 않았다.

모세는 외딴 광야에서 장인의 일을 거드는 삶을 체념하며 받아들인 듯 보였다. 동포들을 돕고 싶지 않은 것은 아니었다. 단지 무엇을 어떻게 해야 할지 몰랐을 뿐이다. 그가 전에 했던 행동은 도움이 되지 않았다. 아니, 상황을 더 악화시켰다. 이제 무엇을 할 수 있을까? 모든 상황은 그가 전혀 통제할 수 없는 것처럼 보였다.

사람들이 자신을 어떻게 생각할까 걱정했다

이번 장은 일련의 "~하면 어쩌지?"라는 질문으로 시작했다. 모세도 하나님께 이런 질문을 던졌다. 그의 질문은 사실상 이것이었다. "이스라엘 백성들이 제게 바로에 맞서 그들을 애굽에서 구해 내라고 명령하신 분의 이름을 물으면 어쩌나요?"(출 3:13-15) 나중에 모세는 이렇게 물었다. "그들이 나를 믿지 않고 내 말을 듣지도 않으며 여호와께서 네게 나타나신 게 아니다 하면 어쩝니까?"(출 4:1) 사실, 대부분의 경우 '내 방법'은 남들 의견에 따라 결정된다.

불안은 나 자신에게 초점을 맞추게 한다. SNS의 등장이 어떻게 급속한 불안의 확산을 낳았는지에 관해 많은 연구가 이루어졌다. SNS는 왜 불안을 조장하는가? 내 삶, 내 이미지, 다른 사람들이 나를 어떻게 보는지에 과도하게 집착하게 만들기 때문이다. 잠들기 직전 누군가의 페이스북 피드 내용이나 내가 찍혀 있지 않은 인스타그램 사진, 내가 놓친 스냅챗을 떠올리면서 잠들었다면 한밤중에 깨어 잠 못 이루기 쉽다. 결국 우리는 휴대폰을 켜서 다시 화면을 들여다보기 시작한다.

그에게는 문제를 해결할 능력이 없었다

출애굽기 4장 10절에서 우리는 바로 앞에 서서 수백만 명의 동포에게 말하는 자신의 모습을 상상하며 불안해하는 모세를 볼 수 있다. 그는 하나님께 이렇게 간청한다. "오 주여 나는 본래 말을 잘하지 못하는 자니이다 주께서 주의 종에게 명령하신 후에도 역시 그러하니 나는 입이 뻣뻣하고 혀가 둔한 자니이다." 모세는 하나님이 자신을 정확히 파악하시지 못한 것처럼 말한다. 그는 하나님께 자신에 관한 '새로운 정보'를 알려 준다. 그의 눈에 하나님의 방식은 말이 되지 않아 보인다.

하나님은 모세에게 이 상황을 감당할 능력이 있다는 말로 그의 불안을 다루시지 않았다. 대신 그분은 가장 중요한 것이 그의 입을 지으신 분과의 연결이라는 점을 일깨워 주셨다. "여호와께서 그에게 이르시되 누가 사람의 입을 지었느냐 누가 말 못 하는 자나 못 듣는 자나 눈 밝은 자나 맹인이 되게 하였느냐 나 여호와가 아니냐 이제 가라 내가 네 입과 함께 있어서 할 말을 가르치리라"(출 4:11-12).

여기서 모세를 비난하기 쉽다. 하지만 하나님이 당신에게 이웃이나 친구, 동료 앞에서 그분을 대언하는 임무를 주신다고 생각해 보라. 그런 상황에서는 누구라도 걱정이 따를 수밖에 없다. 우리 대부분은 어떻게든 그 임무를 피하려고 애쓸 것이다.

어릴 적에 나는 혀 짧은 소리를 내곤 했다. 서너 살짜리가 그러면 귀엽지만 4학년짜리가 그러면 별로 보기 좋지 않다. 나이를 먹어도 이 버릇을 고치지 못하자 반 아이들은 내 혀 짧은 소리를 흉내 내며 놀리기 시작했다. 어른들이 내 말을 알아듣지 못해 다시 말해야 하는 경우가 많았다. 일주일에 며칠씩 언어 치료를 받으면서 좋아지기는 했다. 하지만 세월이 꽤 흘러서도 사람들 앞에서 말하기가 두려웠다. 그러니 그러던 내가 목사가 되리라고는 꿈에도 생각지 못했다.

눈앞의 일이 위험하고 버거워 보였다

수년 전 아마존은 한 가지 흥미로운 사실을 발표했다. 사람들이 전자책을 주문하면 아마존은 독자가 책의 어떤 문장에 밑줄을 긋는지 파악할 수 있다. 아마존은 7년간의 데이터를 정리해서 가장 많이 밑줄이 그어진 문장을 발표했다. 그 문장은《형거 게임》(Hunger Game) 시리즈 2권의 한 문장이었다. 가장 많은 밑줄이 그어진 그 문장은 바로 "감당하지 못할 일이 일어나기 마련이지"였다.

그 책을 읽고 그 문장에 밑줄을 긋는 사람들을 상상해 보라. 열다섯 살짜리 소녀가 그 책을 읽는 내내 자신이 최근에 SNS에 올린 글에 '좋아요'가 늘었는지 수시로 확인한다. 그러는 내내 부모가 다른 방에서 고함치는 소리가 들린다. 중독 재활 센터에서 그 책을 읽으며 무료함을 달래던 남자가 몇 주 내내 자신에게 말을 걸지 않는 딸을 생각한다. 최근 남편이 불륜 상대와 주고받은 문자 메시지를 발견한 여자는 침대 위에서 이 문장을 읽다가 잠이 든다. 한 암 환자는 다음번 치료를 기다리면서 이 문장을 읽는다. 누구든 이 문장에 밑줄을 그을 수 있다. 살다 보면 누구나 감당하기 힘든 일을 겪기 마련이다.

삶이 머릿속에 그려 온 모습과 다르게 흘러가면 우리는 불안해진다. 젊은 모세였다면 하나님이 주신 사명을 기꺼이 받아들였을 것이다. 하지만 지금은 삶이 안정된 상태였다. 멋진 삶은 아니지만 그래도 비교적 안정적이었다. 나이를 먹을수록 모험보다는 안정을 원하기 마련이다.

모세는 안정된 삶을 누리고 있었을 뿐 아니라 일반 사회를 떠난 지 오래였다. 지난 40년 동안 그는 광야에서 양 떼를 돌보며 대부분의 시간을 보냈다. 그런데 이제 와서 하나님은 그를 세상에서 가장 강력한 권력자 앞에 세우시고 수만 명의 사람들을 이끌라고 명령하신다.

하나님께 간청하는 모세의 목소리에는 떨리는 두려움과 불안이 가득하다. "오 주여 보낼 만한 자를 보내소서"(출 4:13).

하나님은 모세의 능력보다 그와 하나님 사이의 연결을 강조함으로써 그의 불안을 다루셨다. "모세가 하나님께 아뢰되 내가 누구이기에 바로에게 가며 이스라엘 자손을 애굽에서 인도하여 내리이까 하나님이 이르시되 내가 반드시 너와 함께 있으리라"(출 3:11-12).

모세의 불안에 대한 해답은 그의 방법을 인정해 주는 것이 아니라 하나님이 그와 함께 계신다는 확신을 주는 것이었다. 그는 하나님과의 연결을 기억하고 그 연결 속에서 살아야 했다. 하나님의 방식은 언제나 어디서든 통한다.

불안이 엄습할 때 어떻게 다룰 것인가

모세의 불안은 자신이 모든 것을 통제할 수 없는 상황, 자신이 바로잡을 수 없는 문제, 자신의 능력 밖에 있는 상황에 초점을 맞춘 결과였다. 자신의 방법이 통하지 않아 불안이 몰려올 때 우리는 그 불안을 잘 다루지 못한다.

모세처럼 때로 우리는 도망치고 어딘가로 숨어 버린다. 벤

치에 앉아 출전을 고대하며 감독을 뚫어져라 쳐다보는 선수가
아니라, 지난번 경기에서 골대 하나 맞히지 못한 채 공중으로 날
아간 슛을 떠올리며 감독의 시선을 피해 땅바닥만 쳐다보는 선
수처럼 군다.

불안에서 도망치는 방법 중 하나는 치료법으로 불안감을 마
비시키는 것이다. 불안 장애 진단을 받고 약물 치료를 받는 사람
이 많다. 물론 치료법의 발달은 감사한 일이다. 그리고 어떤 식
으로든 도움을 구하는 것은 잘하는 일이다. 의학적 치료를 받는
사람을 비난할 생각은 추호도 없다. 다만 약물을 불안에 대처하
는 첫 번째 해법, 심지어 주된 해법으로도 삼지 말기를 바란다.
하나님과의 연결이라는 근본적 치료 대신 알약이라는 일시적 치
료에 지나치게 의존하지 말라.

컬럼비아대학교(Columbia University)의 미국 중독·약물 남용
센터(National Center on Addiction and Substance Abuse) 회장을 역임한
조셉 칼리파노 주니어는 우리 문화 속의 이런 역학에 관해 다음
과 같이 썼다.

> 약물이 미국 최대의 종교 자리를 놓고 기독교를 바짝 추격하고
> 있다. …… 실제로, 한때 개인적인 위기와 정서적·정신적 고통
> 속에서 천국의 열쇠를 얻기 위해 신부, 목사, 랍비를 찾아갔던
> 수백만 명의 미국인들이 이제는 약물 치료 나라의 열쇠를

쥔 의사들과 정신과 전문의, 혹은 마약 상인과 술 판매점을 찾아간다. 이제 약물과 술이 위로와 용서의 원천으로서 고해소를 대체하고 있다.[3]

우리는 불안을 느낄 때 자신의 방법이 통하지 않고 있다는 점을 깨닫지 못하고, 그저 약물로 그 불안을 잠재우려고만 할 때가 많다. 나 같은 경우는, 알약을 삼키는 대신 스마트폰 화면을 응시하는 방법으로 순간의 불안에서 도망치려고 한다. 불안을 느낄 때 눈이 저절로 감길 때까지 멍하니 SNS를 스크롤하거나 최신 유튜브 동영상을 보는가? 그렇다면 그 행동은 단지 자신의 방법이 통하고 있지 않다는 사실을 인정하지 않으려는 몸부림에 지나지 않는다.

'그 사람'을 내가 통제할 수만 있다면?

혹시 '사람'을 통제할 수 없는 것을 불안의 원인으로 보고 있지는 않는가? 내가 당신에게 구체적으로 무엇이 불안을 낳고 있는지 물으면 뭐라고 답하겠는가? 당신의 삶 속에서 무엇이 문제냐고 물으면 뭐라고 답하겠는가? 분명 인생에 처한 그 상황을 언급하지 않을 것이다. 필시 누군가의 이름을 댈 것이다. 상황을 통제할 수 없는 것이 문제가 아니라, '그 사람'을 통제할 수 없는 것이 문제라고 답할 것이다.

그 사람이 옳게 행동하기만 하면, 그 사람의 마음이 당신이 원하는 대로 움직여 주기만 하면, 그 사람이 오래전에 변했어야 할 방향으로 변하기만 하면, 그렇게만 된다면 당신의 방법이 통할 것만 같은가? 당신이 비밀을 털어놓은 그 친구가 문제인가? 당신은 그를 믿고서 아무한테도 꺼내지 않은 이야기를 했다. 그런데 그가 다른 친구들과 어울리기 시작하더니 언제부턴가 당신의 문자 메시지에 답하지 않거나 당신의 SNS 글에 댓글을 남기지 않는다. 이제 그는 당신을 투명인간 취급한다. 나 빼고 다른 사람들하고만 어울리는 친구를 보니 불안해진다. 그를 통제하고 싶지만 통제할 수가 없다.

혹은 이성 문제로 불안해하고 있는가? 당신은 상대가 당신에게 호감을 가지기를 원하는데 보아하니 그렇지 않은 듯하다. 그(그녀)가 당신에게 끌렸으면 하고 바라지만 그의 반응은 당신의 통제 밖에 있다. 통제하려 들수록 상대는 당신을 밀어낸다. 그가 당신을 밀어낼수록 당신은 더 불안해진다. 불안할수록 당신은 그를 더 통제하려 시도하게 된다. 그렇게 불안의 악순환이 탄생한다. '~하면 어쩌지?'라는 질문이 머릿속에 가득 맴돈다. '그가 이렇게 말하면 어쩌지?' '그가 이런 마음을 품지 않으면 어쩌지?' '그가 다른 사람을 만나고 있으면 어쩌지?' 삶 속에서 우리가 통제할 수 없는 것이 너무도 많다.

부모들도 이런 불안 속에서 산다. 부모들은 자녀에 관해 이렇게 생각한다. '우리 아이의 결정, 감정, 선택, 즐기는 것, 친구 관계를 통제할 수만 있다면 모든 것이 괜찮을 텐데.' 부모들은 자녀가 삶 속에서 어떤 길로 가는 것을 보며 이렇게 생각한다. '우리 아이가 이 경험에서 회복하지 못하면 어쩌지?' '우리 아이가 상황을 바로잡지 못하면 어쩌지?' '우리 아이가 지금 사귀는 사람과 결혼하면 어쩌지?' '우리 아이가 집으로 돌아오지 않으면 어쩌지?' '우리 아이가 사회에 적응하지 못하고 평생 부모 그늘 밑에 있으면 어쩌지?' 자녀를 통제할 수 없다는 점이 분명해지면서 불안이 찾아온다.

당신이 미래를 통제할 수 없다는 점을 뼈저리게 느끼게 될 때 그런 상황이 하나님과 더 깊고 온전하게 연결되라는 초대장임을 기억하라.

고린도후서 1장에서 바울은 자신이 경험하고 있는 불안들을 고백한다. 그는 자신의 통제 밖에 있는 상황, 자신의 방법이 통하지 않고 있는 상황을 나열한다. "힘에 겹도록 심한 고난을 당하여 살 소망까지 끊어지고 우리는 우리 자신이 사형 선고를 받은 줄 알았으니"(고후 1:8-9). 하지만 이어서 그는 자신과 동역자들이 그런 역경을 겪는 이유를 우리에게 알려 준다.

이는 우리로 자기를 의지하지 말고 오직 죽은 자를 다시 살리시는 하나님만 의지하게 하심이라.

고린도후서 1장 9절

불안은 바울에게 하나님의 임재와 능력에 그 어느 때보다 깊이 연결되는 계기를 마련해 주었다.

모세도 이와 같은 경험을 증언했다. 그는 처음에는 두려움과 불안감 때문에 하나님이 주신 사명을 거부했지만 궁극적으로는 하나님과의 연결만이 중요하다는 사실을 배웠다. 시계를 빨리 앞으로 되감아, 모세가 인생에서 가장 큰 불안을 느꼈던 순간 중 하나로 가 보자. 모세는 애굽에서 데리고 나온 백성을 이끌고 약속의 땅으로 향하는 중이다. 그 길을 잘 가고 있는데 갑자기 길이 끊긴다. 앞에 홍해가 나타나 더는 전진할 수 없다. 그러는 사이에 바로의 군대가 코앞까지 다가왔다. 그야말로 앞으로도 뒤로도 갈 수 없는 막다른 상황에 처한다.

모세가 이끌고 있는 사람들은 공포에 질려 모세를 탓하기 시작한다. 이에 모세는 사람들 앞에 서서 말한다. "여호와께서 너희를 위하여 싸우시리니 너희는 가만히 있을지니라"(출 14:14). 그는 불안하지만 불안을 표출하지 않는다. 대신 하나님과의 연결에서 오는 확신을 표출한다.

당신의 방법이 통하지 않아 불안한가? 불확실한 미래를 앞두고 있는가? 통제할 수 없는 상황을 마주하고 있는가? 그분을 향

한 확신을 고백하며 가만히 있으라. 하나님이 당신을 위해 싸워
주실 것이다.

part

two

예수 나무에 접붙여지다, 단단히 그리고 온전히

복음으로 삶과 영혼 다듬기

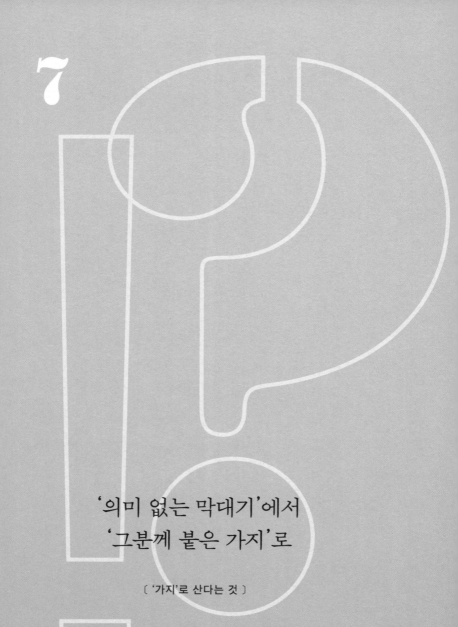

7

'의미 없는 막대기'에서
'그분께 붙은 가지'로

〔 '가지'로 산다는 것 〕

2021년 봄, 카일 마틴이라는 한 고등학교 3학년 학생이 졸업생 대표로 고별사를 전하는 동영상이 입소문을 타고 세간을 떠들썩하게 했다. 고별사에서 마틴은 자신이 전교 1등이라는 영예를 얻기 위해 쏟은 막대한 시간과 노력, 희생을 이야기했다. 듣는 이들은 그렇게 노력한 보람이 있었다는 말로 고별사가 끝날 줄 알았다. 그런데 뒤이어 마틴은 우수한 성적 덕택에 졸업생 대표가 되었다는 소식을 들었던 순간 떠오른 뜻밖의 생각을 털어놓았다.

정말 좋았습니다. 한 15초 동안은요. 그래요, 15초 동안은 심장이 두근거리고 아드레날린이 뿜어져 나왔죠. 15초 동안은 "드디어, 내가 해냈어!"라고 환호성을 질렀어요. 15초 동안은 제 모든 성취를 만끽하며 행복감에 젖어들었어요. 하지만 그다음 초가 찾아오기 마련이더군요. 16초가 되던 순간 저는 의자에 털썩 주저앉아 졸업생 대표를 의미하는 스툴을 보며 생각했어요. '이게 다야? 이게 뭐야? 다른 건 더 없어?'

마틴은 계속해서 이렇게 말했다. "솔직히 제가 뭘 기대하고 있었는지조차 모르겠어요. 공중에서 풍선이 떨어지는 퍼레이드? 아니면 이 놀라운 성취로 인해 다른 제 모든 문제가 아무것도 아닌 것처럼 느껴지기를 기대했을까요? 하지만 그런 일은 일어나지 않았어요. 심지어 제 마음속에서도 별다른 느낌이 없었어요. 충격이었죠. 제겐 이게 정말 큰 문제였어요. 그 이유를 알아내야 했습니다."[1]

카일 마틴은 큰 성취를 경험한 사람들이 주로 뒤늦게 깨닫는 사실을 일찌감치 깨달아 가고 있었다. 그것은 우리의 방법이 오로지 성공을 위해 모든 노력과 희생을 쏟는 것이며 그 결과 주변 모든 사람이 우리가 이룬 것을 축하하더라도, 즉 우리의 방법이 통하는 것처럼 보여도…… 결국 16초라는 순간이 오기 마련이라는 사실이다.

열매보다 함께함이 먼저다

요한복음 15장에는 예수님이 가장 가까운 제자들에게 마지막으로 하셨던 말씀 중 일부가 기록되어 있다. 예수님은 그날 저녁에 겟세마네 동산에서 체포되실 줄 아셨다. 그래서 세상 끝까지 복음을 전하는 사명을 곧 제자들에게 맡기실 참이었다. 그 임무는 더없이 막중했다. 그 일은 이루 말할 수 없이 큰 노력과 희생을 필요로 했다.

그렇다면 예수님은 마지막 말씀에서 기대 사항과 그 기대 사항을 최대로 이루기 위해 필요한 생산성의 수준을 전달하셨을까? 혹은 성공을 위한 포괄적 전략과 함께해야 할 일의 목록을 전달하셨을까? 아니면 행동 단계를 자세히 기술한 일련의 차트를 건네셨을까? 최소한 공식적인 직무 설명과 모범 실무를 담은 일종의 조직 차트를 프린트해서 나눠 주시지 않으셨을까?

아니었다. 예수님은 생산 대신 함께함에 초점을 맞추셨다. 예수님은 제자들이 그분과 연결된 상태를 유지하는 데 초점을 맞추면 생산은 알아서 따라오겠지만 연결을 소홀히 한 채 생산만 추구하면 아무리 노력해도 소용이 없다는 것을 아셨다. 예수님은 요한복음 15장 4-5절에서 이 원칙을 다음과 같이 풀이하셨다.

> 내 안에 거하라 나도 너희 안에 거하리라 가지가 포도나무에 붙어 있지 아니하면 스스로 열매를 맺을 수 없음같이 너희도 내 안에 있지 아니하면 그러하리라 나는 포도나무요 너희는 가지라 그가 내 안에, 내가 그 안에 거하면 사람이 열매를 많이 맺나니 나를 떠나서는 너희가 아무것도 할 수 없음이라.

오랫동안 나는 이 구절을 가지고 열매를 강조하는 설교를 수없이 들었다. 그런 설교는 생산성을 우선시한다. "당신의 방법이 통하지 않으면 더 많은 열매를 생산하려고 노력해야 한다. 이제 당신의 삶에서 열매를 살펴야 할 때다. 열매가 충분하지 않으면 이를 악물고 더 노력하라. 열매가 없는 마른 막대기가 되어 지옥 불에 던져지고 싶지 않다면 알람을 맞춰 놓고 일찍 일어나

열심히 달려야 한다. 더욱 열심을 내야 할 때다!"

하지만 예수님은 그렇게 말씀하신 것이 전혀 아니다. 이는 위험천만하게 그분의 말씀을 잘못 해석한 것이다. 열매를 많이 맺는 것이 중요하지 않다는 뜻은 아니다. 단지 우리 자신의 힘으로는 많은 열매를 맺을 수 없다는 뜻이다. 예수님은 생산을 우선시하는 방법이 통하지 않는다고 분명히 말씀하신다. 핵심은 '연결'이다.

우리 대부분의 문제점은 자신의 방법이 통하지 않을 때마다 생산의 노력을 배가한다는 것이다. 우리의 본능은 결과를 만들어 내기 위해 더 노력하기 시작하는 것이다. 가장 합리적으로 보이는 등식은 '더 큰 노력=더 많은 생산'이다. 이 전략이 통하지 않을 때 우리는 낙심하고 좌절하고 불안해하고 쉬이 지친다. 예수님은 모든 것이 연결에서 시작된다는 사실을 당신과 나를 포함한 모든 제자가 절대 잊지 않기를 원하신다. 생산이 아닌 연결이 핵심이다. 바라는 목표를 달성하는 것보다 예수님 안에 거하는 것이 우선이다.

우리가 연결보다 생산을 우선시하는 이유

왜 우리는 연결보다 생산을 우선시할까? 여기에는 많은 이유가 있지만 우선 몇 가지만 살펴보자.

인정받기 위해

성과를 내면 상을 받는다는 관념이 어릴 적부터 우리 안에 자리를 잡았다. 최근에 참석한 초등학교 졸업식에서 모든 상이 생산과 성과에 따라 주어지는 것을 다시 한 번 확인했다. 독서왕, 과학왕, 구구단왕, 받아쓰기 챔피언, 글짓기왕……. 노력과 성과를 인정하고 상을 주는 것은 적절한 일이지만, 문제는 연결보다 생산을 중시하는 관념이 어릴 때부터 우리 안에 깊이 자리를 잡는다는 것이다. 커서도 생산에 따라 칭찬, 승진, 연봉 인상이라는 결과를 얻는다.

연결이 생산에 따라 이루어지는 가정에서 자란 이들이 적지 않다. 그런 가정에서는 부모가 대놓고 말하지는 않지만 성과를 내는 자식을 더 인정해 준다. 전과목 '수'를 받아오면 많은 칭찬을 받지만 한두 개라도 '가'가 섞인 성적표를 가져오면 꾸지람을 들을 각오를 해야 한다. 시합에서 충분한 점수를 내면 아빠가 자랑스러워하며 어깨를 두드리고 아이스크림을 사 주지만, 내내 벤치 신세를 지면 아빠 얼굴에 실망감이 가득해진다. 성과가 없으면 부모와의 연결도 힘들어지는 것을 경험하는 것이다.

교회에서도 이런 관념을 강화한다. 어릴 적에 '올해의 캠퍼'를 기대하며 교회 캠프에 참석했던 기억이 난다. 성경 구절을 암송하고, 큰 소리로 기도하고, 식사 후 식당 청소 등에서 가장 많은 점수를 받으면 올해의 캠퍼가 될 수 있었다. 다시 말하지만,

노력을 인정해 주고 좋은 습관을 가르치기 위해 창의적인 방법을 고안하는 것은 얼마든지 찬성이다. 하지만 아이들은 이미 가장 큰 결과를 생산해 낸 아이가 올해의 캠퍼가 된다는 것을 잘 알고 있었다.

우리는 단지 연결보다 생산을 우선시하는 정도로 그치지 않는다. 우리는 생산이 연결의 필수 조건이라고 생각한다. 우리는 하나님이나 다른 사람들과의 연결을 우리의 노력으로 얻어 내야 할 것으로 본다. 무의식적으로 하나님과의 관계도 이런 식으로 접근하는 것이다. 자연히 하나님과 연결되기 위한 최선의 길은 그분을 위한 열매를 생산해 내는 것이 된다. 그래서 하나님의 인정을 얻기 위해 더 많은 열매를 맺어야 한다는 극심한 부담감 속에서 살아간다. 심지어 선행을 그분과 연결되기 위한 대가로 여긴다.

하지만 하나님은 우리가 충분한 열매를 맺을 때까지 우리와의 관계를 보류하시는 분이 아니다. 교회 출석, 교회 봉사 시간, 헌금, 긍휼의 행위는 하나님의 사랑을 사기 위한 현금이 아니다. 하나님의 방법은 이와 정반대다. 생산은 연결에서 자연스럽게 흘러나온다. 우리는 생산이 연결로 이어진다고 생각하지만 예수님은 연결이 생산으로 이어진다고 분명히 말씀하신다.

목사로서 나는 교회를 처음으로 몇 번 방문한 사람들과 자주 대화를 나눈다. 그런데 그들은 그리스도인이 되기 위해서 무엇을 해야 하는지 묻는 경우가 많다. 그들은 본능적으로 이런 식으로 말한다. "삶을 바로잡고 나면." "더러운 삶을 정리하고 나서 두어 주간 깨끗한 상태를 유지하면." "이 관계를 정리하고 나면." "걸핏하면 화를 내는 이 못된 성미를 고치고 나면." 그들은 그러고 나면 교회에 다니면서 그리스도인이 될 수 있지 않겠냐고 말한다. 다시 말해, 그들은 자신이 생산을 시작하면 예수님이 그분께 연결될 수 있게 해 주실 것이라고 생각한다.

요한복음 15장에서 예수님은 연결의 열쇠가 생산이 아니라고 분명히 말씀하신다. 이 점을 제대로 알고 나면 말할 수 없는 자유와 의욕을 경험할 수 있다. 우리의 삶 속에서 생산을 가능하게 하는 것은 바로 그분과 연결되는 것이다.

스스로 해내는 것이 미덕이 되어서

오늘날 우리는 자력으로 해결하라는 말을 자주 한다. 남의 도움을 받지 말고 자신의 힘으로 어려운 상황을 해결하거나 뭔가를 이루라고 말한다. 현대인들에게 남의 도움을 받는 것은 자존심이 허락하지 않는 일이다. 그런데 '가지'가 되는 것은 스스로 불충분해서 외부 도움에 의존한다는 뜻이다. 그래서 우리는 가지가 되기를 꺼린다.

어려운 상황에도 불구하고 자력으로 뭔가를 해내면 자신감이 치솟는다. 반면, 연결은 스스로는 할 수 없고 외부 도움과 힘을 필요로 한다.

　최근 지인의 딸의 직장 면접을 도와준 적이 있다. 나는 면접 관이 던질 법한 질문들에 어떻게 답할지에 관해 조언해 주었다. 나는 면접관이 "자신의 가장 큰 단점은 뭔가요?"라는 식의 질문을 할 가능성이 높다고 말했다. 그러고 나서 실제로 가장 큰 단점을 말해서는 안 된다는 얄팍한 조언을 했다. 대신, 자신이 극복해서 오히려 장점으로 승화시킨 단점을 생각해 내라고 말했다. 예를 들어, 이런 식이다. "일에 너무 집중한 나머지 개인적인 삶을 챙기지 못할 때가 많습니다. 하지만 적절한 균형을 유지하는 법을 배웠습니다. 덕분에 이제는 일과 삶의 두 마리 토끼를 다 잡고 있답니다." 다시 말하면 이렇다. "가장 큰 단점조차 내가 얼마나 강한지를 보여 주는 증거일 뿐입니다."

　단점을 인정하고 도움을 요청하는 순간, 우리는 남들에게 폐를 끼치며 사는 사람이 된다. 스스로 해내는 사람이 아니라 남의 도움을 받아야 하는 사람이 된다. 자신의 단점을 받아들이지 못하거나 자력으로 사는 방법이 통하지 않는다는 점을 깨닫지 못하는 이들에게 생산보다 연결을 우선시하라고 말하는 것은 여간 어려운 일이 아니다.

패배감을 잊기 위해

삶의 한 영역에서 나타나는 생산성에 시선을 고정하면 다른 영역에서의 패배감을 잊는 데 도움이 될 수 있다. 남편과 아버지 노릇을 잘하지 못해서 답답하던 시절이 있었다. 당시 내 문제는 노력하지 않는 것이 아니었다. 최선을 다했는데도 내 방법이 통하지 않았다. 열매가 나타날 법도 한데 도통 나타나지 않았다.

필요한 힘과 도움을 얻기 위해 가지가 되어 예수님과 다른 사람들과 연결되는 데 집중해야 하지만, 내 성향은 내가 통제할 수 있고 결과를 낼 수 있는 삶의 영역에 집중하는 것이다. 그래서 나는 직장이나 헬스클럽에서 더 많은 시간을 보낸다. 이런 영역에서 성과를 내어 주목과 인정을 받으면 부족한 다른 영역들에 관한 생각을 잊어버릴 수 있다. 특정한 상황에서 어떻게 해야할지 모를 때는 나의 약점을 인정하고 자력으로 할 수 없다고 고백하기보다 어떻게 해야 할지 아는 영역에 시선을 고정한다.

계산하고 평가하기 쉬워서

연결은 측정하기 어렵지만 생산은 대개 추적하고 계산하고 평가할 수 있다. 우리는 자신이 생산해 낸 결과를 평가하고 내세우기를 원한다.

내 경우, 구체적인 예를 들어 보면 이렇다. 일터에서 오랜 시간 근무하고 나서 저녁 시간을 어떻게 보낼지 고민한다. 첫째,

잔디를 깎을 때가 되었다. 둘째, 아내와 산책을 나갈 수도 있다. 물론 잔디를 깎는 것보다 아내와 산책하는 것이 훨씬 즐겁다. 함께하는 시간이 아내에게 큰 의미가 있다는 것을 안다. 그리고 우리는 저녁 산책 같은 활동으로 서로 연결되는 시간을 더 많이 갖기로 약속했다.

그런데 나라는 사람은 산책을 더 원한다고 해도 결국 잔디를 깎을 가능성이 높다. 왜일까? 잔디를 깎고 나면 내세울 것이 생기기 때문이다. 깔끔하게 정돈된 잔디를 가리키며 "내가 한 걸 봐"라고 말할 수 있다. 하지만 아내와 산책을 하고 나면 당장 눈에 보이는 생산성의 증거는 얻을 수 없다. 산책이 끝나도 크게 달라져 보이는 것은 없다. 내세울 것이 없다. 연결됨은 측정하기 어렵다. 그래서 내 선택은 자주 생산 쪽으로 기운다.

수년 전, 한동안 교회에 다녔지만 신앙을 고백하고 예수님의 제자가 되는 결심을 미뤄 온 나이 지긋한 여성에게 세례를 베풀었던 기억이 난다. 세례식 전에 나를 만난 그녀는 자신을 소개하면서 유아세례를 받았고 어릴 적에 주일예배를 한 번도 빼먹지 않았으며 오랫동안 우리 교회에 출석했다고 설명했다. 할머니가 주신 특별한 성경책을 침대 옆 테이블에 늘 올려놓고 잤고, 설교를 들으며 메모하기를 좋아해서 벌써 몇 권의 노트를 빼곡하게 채웠다고 했다. 가난한 사람들을 위해 겨울 외투를 모으는 사역을 섬겼다는 말도 했다.

거기까지 듣고 나서 나는 이런 말로 끼어들었다. "죄송합니다만 그것만으로는 부족합니다." 나는 미소를 띠며 부드럽게 말했지만 그녀는 놀란 표정을 감추지 못했다. 그녀는 자신도 모르는 사이에 마치 대학에 지원하는 것처럼 예수님과의 관계에 접근하고 있었다. 물론 신앙생활을 위한 그녀의 노력은 칭찬할 만했지만 나는 예수님이 그런 노력을 기대해서 우리와 친밀해지기를 원하는 것이 아니라는 점을 분명히 알려 주고 싶었다. 예수님은 우리의 존재 자체를 원하신다. 그분과 연결되면 열매는 저절로 따라오게 되어 있다.

생산 VS 연결

누가복음에 생산보다 연결을 우선시하는 것이 실제로 어떤 것인지를 보여 주는 이야기가 기록되어 있다. 그 이야기를 보면 '가지가 되는 것'이 무슨 의미인지를 가늠해 볼 수 있다. 누가는 한 자매의 이야기를 전해 준다. 그중 한 사람은 생산을 우선시했고, 다른 사람은 연결에 몰두했다.

마리아와 마르다, 그들의 오빠 나사로는 예수님의 친구였다. 그들은 예루살렘에서 몇 킬로미터 떨어진 베다니 마을에 살고 있었다. 하루는 예수님이 그들을 보기 위해 그 마을에 들르셨다. 누가복음 10장 38절은 이 사건을 이렇게 기록하고 있다. "그

들이 길 갈 때에 예수께서 한 마을에 들어가시매 마르다라 이름
하는 한 여자가 자기 집으로 영접하더라."

당시 예수님을 따라다니던 사람이 얼마나 되는지는 정확
히 알 수 없다. 하지만 최소한 열두 제자는 늘 그분과 동행했다.
적어도 십여 명의 굶주린 사람들이 연락도 없이 찾아왔다면 서
둘러 집안을 청소하고 꽤 많은 음식을 준비해야 했을 것이다.
자매 중 언니인 마르다는 즉시 손님 접대를 준비해야 할 책임을
느꼈다.

그런데 39절을 보면, 마르다의 동생 마리아는 "주의 발치에
앉아 그의 말씀을" 들었다고 밝힌다. 여기서 놓치지 말아야 할
점이 있다. 마리아는 예수님의 발치에 앉아 있었다. 이는 당시
문화에서 여성들에게 허용되지 않는 행동이었다. 랍비의 발치
에 앉아 있는 것은 남성들만의 전유물이었다. 하지만 마리아는
선택된 제자로서 예수님의 발치에 앉아 그분 말씀에 귀를 기울
였다. 다음 구절은 계속해서 이렇게 말한다. "마르다는 준비하는
일이 많아 마음이 분주한지라."

마리아는 예수님과의 연결을 우선시한 반면, 마르다는 생산
에 집착해 있었다. 마르다는 준비해야 할 온갖 일에 마음을 빼앗
기고 있었다. 마르다가 마리아와 함께 예수님의 발치에 앉지 않
았다고 비난하고 싶은가? 하지만 마르다는 다른 방에서 SNS 피
드를 스크롤하거나 인터넷 쇼핑이나 하고 있지 않았다. 그녀는

예수님과 제자들을 대접하기 위해 분주하게 손발을 놀리고 있었다. 연결보다 생산에 몰두하는 것은 책임감 있는 행동처럼 느껴지기 쉽다.

수년 전 우리 딸아이 한 명이 배달 아르바이트를 한 적이 있다. 식당에서 음식을 받아 고객에게 배달해 주는 일이었다. 그런데 하루는 밤에 비가 억수로 쏟아졌다. 폭우에 딸을 내보내는 것이 마음에 걸렸던 나는 딸을 따라나섰다. 첫 번째 식당에 도착해서도 계속해서 비가 왔기 때문에 내가 차에서 내려 음식을 받아왔다.

식당으로 들어가는데 계산대에 한 여성이 서 있었다. "배달 기사입니다. 고객님께 배달할 음식을 받으러 왔습니다."

그런데 나를 본 여성이 깜짝 놀라며 말했다. "아니, 목사님!" 내가 딸을 돕는 중이라고 설명하기도 전에 그녀의 말이 이어졌다. "목사님들은 주일 아닌 날에 뭘 하는지 항상 궁금했어요."

나는 나를 변호하기 시작했다. 내 일이 얼마나 많은지 이해하지 못하는 것이 계속 신경 쓰였다. 그래서 내가 하는 일이 얼마나 고된지를 장황하게 늘어놓기 시작했다. 장황한 연설을 반쯤 하다가, 지금은 딸을 돕는 중일 뿐이며 목사 일이 정말로 중요하다고 설명하고 있는 나 자신이 한심하게 느껴져 실소가 터져 나왔다. 나는 내 지위에서 정체성과 자기 가치를 찾을 때가 너무도 많다. 나는 내가 생산한 열매와 외적인 모습, 즉 남들이

보는 것들에서 자긍심을 얻을 때가 너무도 많다.

다른 방에 있는 마르다의 모습을 한번 상상해 보라. 자신에 대해 뿌듯한 기분이 드는 한편 동생 마리아에 대해서는 점점 짜증이 나기 시작한다. 혼자 모든 일을 해야 하는 것이 마음에 들지 않기 시작한다. 마르다라고 방에 앉아 예수님의 말씀을 듣고 싶지 않았던 것은 아니다. 다만, 해야 할 일이 있었다. 마르다가 동생에게 눈치를 주는 장면이 상상이 간다. 어서 일어나 일을 거들지 않으면 알아서 하라고 살며시 눈짓을 보내는 마르다를 상상해 보라.

마침내 마르다의 인내심이 바닥이 났다. 마르다는 동생에게 주의를 주지 않는 예수님께도 약간 짜증이 난 듯 보인다. 누가복음 10장 40절은 이렇게 말한다. "예수께 나아가 이르되 주여 내 동생이 나 혼자 일하게 두는 것을 생각하지 아니하시나이까 그를 명하사 나를 도와주라 하소서."

마르다는 예수님이 자신을 편들어 주리라 생각했다. 뭔가를 하는 것이 아무것도 하지 않는 것보다 영적이니까 말이다. 마르다는 자신이 모든 일을 하는 동안 동생이 가만히 앉아서 예수님의 말씀을 듣기만 하는 것에 화가 났다.

이어지는 41-42절은 예수님의 반응을 이렇게 기록하고 있다. "마르다야 마르다야 네가 많은 일로 염려하고 근심하나 몇 가지만 하든지 혹은 한 가지만이라도 족하니라 마리아는 이 좋은 편을 택하였으니 빼앗기지 아니하리라."

시급한 것 VS 중요한 것

연결은 언제나 나중에 해도 될 일처럼 느껴지는 반면 생산은 당장 해야 할 것처럼 보인다. 필시 마르다는 급한 일부터 빨리 해 놓고 나서 예수님 앞으로 가려고 했을 것이다. 나중에 예수님이 다시 오시면 그때 그분과 함께할 시간을 내겠지만 지금은 할 일이 너무 많다고 생각했을지도 모른다.

연결은 바쁜 일이 마무리되고 나서 해도 충분할 것처럼 느껴진다. 급한 불을 끄고 나면 마음 놓고 예수님 발치에 앉아 있겠지만 지금은 그럴 겨를이 없다. 예수님과 연결될 시간을 내려고 하면 당장 해야 할 일의 부담감이 어깨를 짓누른다.

나는 기도 제목 목록으로 시작했다가 해야 할 목록을 떠올리고 마는 경우가 허다하다. 어느 주일, 성찬식에서 떡과 포도주를 나누는 중에 다음과 같이 기도하기 시작했다.

제가 용서받을 수 있도록 큰 희생을 치르신 주님, 감사합니다. 제가 드릴 것이 아무것도 없을 때 주님은 제가 주님과 연결될 길을 마련해 주셨습니다. 제게는 주님과 깊이 연결되는 것보다 더 중요한 일은 없습니다. 이번 주에 주님과 함께하는 시간을 조금

빼먹었습니다. 죄송합니다.

그런데 "빼먹다"라는 단어에 이르러서 이번 주에 쓰레기 버리기를 빼먹은 일이 생각났다. 고개를 여전히 숙이고 있긴 했지만, 머릿속은 이미 거대한 생각의 바다로 멀리 떠내려갔다.

쓰레기를 수거하는 사람들이 왜 일정한 시간에 오지 않는지 모르겠어. 쓰레기를 꽤 일찍 밖에 내놓았는데도 말이야. 다음 주에는 아예 전날 내놓아야겠다. …… 아무래도 깜박 잊고 내지 않은 요금이 있는 것 같아. 당장 자동이체로 바꿔야겠어. …… 잊어버리기 전에 어서 그 사람과 약속해야지. 수요일에 하면 좋겠지만 수요일은 설교를 준비하는 날이니까. 방해 요소 극복에 관한 설교 준비를 미루기는 정말 싫어.

예수님과 연결되려는 마음에서 기도를 시작했지만 시급한 생산에 관한 압박감에 굴복하고야 말았다. 하지만 사실, 연결은 우리가 생각하는 것보다 훨씬 시급한 일이다. 마르다는 예수님이 이 땅에 머무실 시간이 얼마 남지 않았다는 사실, 그분과 연결될 기회가 그리 많지 않다는 사실을 전혀 모르고 있었다.

연결은 우리가 생각하는 것보다 훨씬 시급한 일이다. 소중한 사람들과 연결되는 일도 그렇지만 하나님과 연결되는 일은 더더욱 그렇다. 시편 39편은 우리가 매일 드려야 할 기도를 기록하고 있다. "여호와여 나의 종말과 연한이 언제까지인지 알게 하사"(시 39:4).

무언가를 하는 것 VS 함께 있는 것

최근 우리 교회의 다른 목사와 함께 우리 교회에서 운영하는 무료 급식소 중 한 곳에서 봉사를 한 적이 있다. 그 목사는 나의 좋은 친구였다. 급식소에 가 보니 선반에 차곡차곡 쌓아야 할 음식 상자들이 아무렇게나 흩어져 있었다. 다른 봉사자들은 이미 분주하게 움직이는 중이길래 나는 곧바로 일에 뛰어들었다. 15분 정도 바삐 손발을 움직여 어느 정도 정리를 해 놓고 나니, 다른 목사가 보이지 않는 것에 슬슬 짜증이 나기 시작했다. 사방을 둘러보니 그는 점심 식사를 하는 한 노숙자와 테이블에 나란히 앉아 있었다.

순간 화가 났다. 해야 할 일이 잔뜩 쌓여 있는데, 방금 만났고 앞으로도 만날 가능성이 별로 없는 사람과 한가로이 노닥거리고 있다니. 떠날 때가 되자 나는 깔끔하게 정리된 선반을 보면서, 사람들과 수다나 떨며 '시간을 낭비하지' 않고 해야 할 일을 한 나 자신에 대해 뿌듯해했다. 내가 연결보다 생산을 우선시하고 있다는 사실은 연결을 우선시한 사람을 정죄한 것에서 더욱 분명하게 드러났다. 안타깝지만 나는 부지불식간에 행위로 사람들을 평가하고 있었다.

행위가 중요하지 않은 것은 전혀 아니다. 단지 외적 행위는 내적 연결 상태에서 저절로 흘러나와야 한다. 그리스도의 가지가 되어 그분 안에 거하는 것은 아무것도 하지 않는 시간 낭비처럼 느껴지기 쉽다. 하지만 포도나무에 잘 붙어 있으면 언제나 가장 중요한 의미에서의 열매로 이어진다.

마르다는 행위를 우선시했지만 마리아는 예수님 발치에 앉아 있었고, 그냥 그렇게 있었다는 이유로 칭찬받았다. 헨리 나우웬은 중증 장애인들과 한집에서 살았던 경험에 관한 글을 썼다. 그들과 함께하면서 그는 인정하고 싶지 않지만 자신이 여전히 연결보다 행위에서 정체성과 자기 가치를 찾고 있다는 사실을 깨달았다.

〔장애가 있는〕사람들과 함께 살면서 …… 내가 얼마나 성공 지향적인지를 깨닫게 된다. 직장, 산업, 스포츠, 학문의 세계에서 경쟁할 수 없고 기껏해야 옷을 입고 걷고 말하고 먹고 마시고 노는 것이 주된 '성취'인 남녀와 사는 것이 내게는 극도로 답답한 일이다. 나는 행하는 것보다 함께 있는 것이 더 중요하다는 사실을 이론적으로는 알지 모르지만, 할 줄 아는 것이 거의 없는 사람들과 그냥 함께 있는 일을 맡고서는 내가 그 사실을 진정으로

깨달으려면 얼마나 멀었는지를 절감했다.[2]

　내 친구 한 명은 틈만 나면 이렇게 말한다. "하나님은 네가 시골에 집을 사서 남은 평생 마당에서 레모네이드를 마시며 유유자적 살아도 지금과 똑같이 너를 사랑하실 거야." 물론 그 말이 옳다는 것을 안다. 성경은 분명 그렇게 말한다. "우리가 아직 죄인 되었을 때에 그리스도께서 우리를 위하여 죽으심으로"(롬 5:8). 하나님은 우리가 그분에게서 가장 멀리 단절되어서 최악의 상태였을 때 우리를 지극히 사랑하사 "자기 아들을 아끼지 아니하시고 우리 모든 사람을 위하여 내주신" 분이다(롬 8:32). 하지만 내 머리는 친구의 말에 동의해도 내 안의 일부는 이런 관념을 거부한다. 내 안의 일부는 행위로 하나님의 사랑을 얻으려고 한다. 성경적으로는 내 이런 성향이 잘못된 줄 알지만 직관적으로는 내 노력으로 하나님과의 연결을 얻어 내려고 한다.
　'행하는 것 VS 함께 있는 것'의 상태를 점검하기 위한 방법 중 하나는 하루 일정표를 보는 것이다. 생산과 연결 중 무엇을 중심으로 시간을 계획하는가? 맡은 책임과 관계 중 무엇을 중심으로 하루를 계획하는가? 물론 하나님은 우리가 맡은 책임과 임무를 소홀히 하기를 원하시지 않는다. 하나님은 우리가 맡은 일의 선한 청지기가 되기를 원하신다. 하지만 이번 장에서 우리의 목적은 연결을 우선시하게 되는 것이다. 먼저 예수님과의 연결,

그러고 나서 다른 사람들과의 연결을 추구해야 한다. 그러면 이런 연결에서 삶 속의 열매가 흘러나온다.

연결과 관계를 중심으로 하루 일정을 짜고 나서 그 남은 시간에 생산적인 책임을 감당하려는 습관을 기르라. 물론 이런 접근법이 항상 실용적이지는 않고, 예기치 못한 일이 갑자기 생겨서 일정을 고수하기 힘들 때도 있다. 하지만 이 습관은 애써 추구할 만한 가치가 있고, 의식적으로 노력하지 않으면 이 습관은 저절로 길러지지 않는다.

일시적인 것 VS 영원한 것

일상 속에서는 생산이 시급하게 느껴질 수 있다. 하지만 영원히 지속되는 것은 바로 하나님과의 연결이다. 평생을 바쳤던 회사가 자신을 잊어버렸다는 사실에 섭섭함을 느끼는 은퇴자를 생각해 보라. 그는 수십 년간 일을 우선시해 왔다. 주일에 가족과 교회에 출석하려고 노력하기는 했지만 대개는 집에서 밀린 회사 일을 처리해야 했다. 화요일 아침마다 진행되는 남성 성경 공부 모임에 자주 초대받았지만 사무실에 가장 먼저 출근하려면 참석이 쉽지 않았다. 가족들과 휴가를 가서도 거래처와 통화하거나 회사 사람들과 화상회의를 하느라 휴가의 절반이 날아갔다. 아이들이 어릴 적에는 저녁 식사 시간에 맞춰 귀가하려고 노력했지만 가족끼리 먼저 식사를 시작하기 일쑤였다. 그렇게 회사에 수많은 시간을 바쳤지만, 은퇴하고 나니 달랑 송별회 한 번과 선물 하나로 모든 것이 끝이 났다. 회사는 그 사람 없이도 잘만 돌아갔다.

생산은 일시적이지만 연결은 영원하다. 예수님은 마르다에게 이렇게 말씀하셨다. "마리아는 이 좋은 편을 택하였으니 빼앗기지 아니하리라"(눅 10:42). "빼앗기지 아니하리라"라는 구절은 주방에서 식사 준비를 거들라고 시키지 않겠다는 말처럼 들린다. 물론 그런 뜻도 포함되어 있을지 모르지만, 이 구절을 이해하는 또 다른 방식은 마리아가 하는 것이 영원히 지속될 것이기에 절대 빼앗기지 않는다는 의미다.

졸업 고별사에서 카일 마틴은 큰 성과로 인한 좋은 기분이 약 15초 지속되었다고 말했다. 하지만 16초 때부터 이 영예가 인생에서 가장 중요한 사람들과의 연결을 희생시킨 결과라는 사실을 깨닫기 시작했다. 마틴은 그 일에 관해 다음과 같이 말했다.

> 열심히 노력하는 것은 좋은 일입니다. 사실, 그것이
> 성경적이죠. 하지만 다른 사람들과의 관계를 포기하면서까지
> 오로지 목표만을 위해 노력하는 것은 옳지 않습니다. 올 한
> 해를 돌아보면, 이 5분간의 고별사를 할 자격을 얻기 위해
> 스트레스라는 대가를 치렀고 제 삶 속에 있는 관계를 돌보지

못했습니다. …… 건강한 관계보다 더 중요한 것은 없습니다.

아무것도 없습니다. 여러분의 목표도, 성공도 관계보다 더

중요하지는 않습니다. …… 깊이 사랑해 주고 예수 그리스도를

전해 주는 것보다 우리가 사람에게 해 줄 수 있는 더 큰 선행은

없습니다. 하지만 가장 먼저 예수님과 친밀해져야 합니다. 그

관계는 절대 소홀히 해서는 안 됩니다.[3]

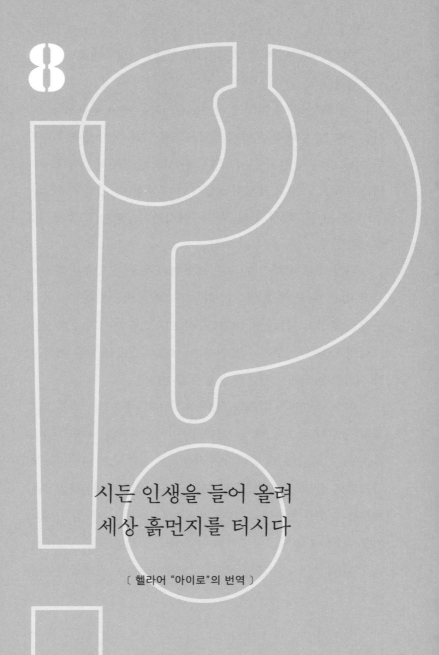

8

시든 인생을 들어 올려
세상 흙먼지를 터시다

〔 헬라어 "아이로"의 번역 〕

"여러분이라면 어떻게 하시겠습니까? 안녕하세요, 존 퀴노니스입니다."

〈여러분이라면 어떻게 하시겠습니까?〉(What Would You Do?)라는 ABC 방송의 몰래 카메라 프로그램을 본 적이 있는 독자라면 이번 장의 첫 문장을 읽으면서 존 퀴노니스의 목소리를 흉내냈을지도 모르겠다. 그렇지 않았다면 다시 한 번 기회를 주겠다. "여러분"을 강조해서 말해 보라. "**여러분**이라면 어떻게 하시겠습니까?"

현실 속에서 이 말을 들으면 카메라가 없는지 주변을 돌아보고 이전 몇 분 동안 자신이 한 모든 말과 행동을 상기하며 식은땀을 흘리기 시작할지 모른다. 이 프로그램을 보거나 이 프로그램에 관해 들어보거나 우연히 이 프로그램에 참여한 적이 없는 사람들을 위해서 간단히 설명해 보겠다.

이 프로그램은 일종의 사회 실험이다. 제작진은 전문 배우들을 공개된 장소에 배치시킨다. 주변에는 평범한 시민들이 있다. 제작진의 신호가 떨어지면 배우들은 눈앞에서 펼쳐지는 시나리오에 반응하는 시민들의 도덕관념을 실험한다. 몇몇 회차 제목을 소개하면 이렇다. "부모가 무더위에 달아오른 차 안에 아기를 두고 내린다." "고객이 다운증후군에 걸린 직원을 학대한다." "10대 청소년 이슬람교도가 또래 아이들에게 괴롭힘을 당한다."

시청자는 배우들이 어색하거나 부적절하거나 위험한 상황을 만드는 광경을 지켜본다. 시청자는 몰래 카메라인 줄 모르는 시민들의 반응을 예측하며 재미를 느낀다. "모두 고개를 숙이고 모른 척 지나갈까? 아니면 부적절한 행위에 동참할까? 아니면 정의를 위해 나설까?" 불의한 상황에서 평범한 시민들의 자연스러운 반응을 보면 그렇게 재미있을 수가 없다.

우리 아이들에게 어릴 적에 가끔 그 프로그램을 보여 주었다. 시민들의 반응을 보기 전에 나는 우리 아이들에게 묻곤 했다. "너희라면 어떻게 할래?" 그 질문은 내면의 성찰과 흥미로운 대화로 이끌었다. 우리는 무엇이 옳은 일인지에 대해서는 대체로 의견을 같이한다. 하지만 그 일을 어떻게 해야 할지에 대해서는 의견이 갈릴 수밖에 없다. 우리 아이들 중 한 명은 그 프로그램만 보면 몹시 흥분했다. 가상 상황인데도 우리 딸은 진짜로 분노했다. 우리 아이라면 어떻게 할까? 딸아이 하나는 시끄러워지더라도 일단 나설 것이다. 다른 딸아이는 사람들의 관심을 최대한 덜 끌면서 조용히 상황을 수습할 방법을 고민할 것이다.

이 프로그램을 통해 우리 가족은 주변에서 부적절한 일이 일어났을 때 어떻게 반응할 것인지 고민해 볼 수 있었다. 나쁜 행동이나 부적절한 상황을 목격했을 때 목소리를 높일 것인가? 아니면 외면할 것인가? 당신은 어떤 종류의 사람인가?

물론 편안한 안락의자에 앉아서 시나몬 토스트 크런치 시리얼을 먹으면서 이 질문에 객관적으로 답하기는 어렵다. 하지만 주기적으로 이 질문과 씨름할 필요가 있다. "나라면 어떻게 하겠는가?"

우리는 상황을 다른 사람의 시각에서 찬찬히 고민해 보는 경우가 그다지 많지 않다. 우리는 "나라면 어떻게 하겠는가?"라는 질문을 잘 던지지 않는다. 특히, 하나님에 대해서는 더더욱 그렇다. 하지만 이번 장을 읽으면서 이 질문을 던져 보기를 바란다. 특별히 이렇게 물으라. "내가 하나님이라면 나를 어떻게 하겠는가?"

이사야 55장은 하나님의 생각이 우리의 생각과 다르고 그분의 길은 우리의 길이 아니라고 분명히 말한다. 하나님이 아시는 것을 우리는 알지 못한다. 하나님이 보시는 것을 우리는 볼 수 없고, 그분이 앉아 계신 곳에 우리가 앉아 있지 않다. 그렇다 해도 잠시 당신의 삶을 돌아보며 당신이 하나님이라면 당신을 어떻게 할지 생각해 보는 시간을 가져 보라. 당신이 절대적으로 완벽하고 전능한 하나님이라면 당신을 어떻게 하겠는가?

당신이 불평하고 특권층처럼 굴 때 당신이 하나님이라면 당신을 어떻게 하겠는가?

당신이 잘못된 행동을 알면서도 계속해서 하고, 옳은 행동인 줄 알면서도 하지 않을 때 당신이 하나님이라면 당신을 어떻게 하겠는가?

당신이 좋은 영향을 미칠 기회를 계속해서 놓칠 때 당신이 하나님이라면 당신을 어떻게 하겠는가?

당신이 하나님을 무시하고 늘 바쁘다는 핑계로 그분과 함께하는 시간을 내지 않을 때 당신이 하나님이라면 당신을 어떻게 하겠는가?

우리가 고집스레 사용해 온 방법이 통하지 않아 우리의 삶이 엉망으로 변해 가면 하나님이 그냥 우리를 내치실 것이라고 생각하기 쉽다. 하나님이 우리와의 연결을 끊고 우리를 버리실 것만 같다.

이 질문에 좀 더 객관적으로 답하기 위한 방법 중 하나는 우리가 우리를 실망시킨 사람들을 어떻게 대하는지를 보는 것이다. '실망시킨'이란 표현이 좀 약하게 느껴지는가? 그렇다면 '버린', '거부한', '배신한', '무시한', '투명인간 취급한'은 어떤가? 그리고 이것은 가상 상황이 아닐 가능성이 높다. 이런 일은 우리 삶에서 실제로 자주 일어난다.

우리 모두는 깊은 실망감을 경험한 적이 있다. 큰 실망을 자주 하다 보면 사람과의 관계를 끊는 일에 익숙해진다. 우리는 힘들 때 도와주지 않은 사람과 관계를 끊는다. 누구나 살면서 관계를 끊은 사람이 몇 명쯤은 있을 것이다. 민망하게 생각할 필요

없다. 충분히 이해한다. 그런 사람들은 버림받아 마땅하다.

우리는 사람들과의 관계를 끊었고, 사람들도 우리와의 관계를 끊었다. 항상 당신에게 아쉬운 소리를 해서 당신이 투명인간 취급하는 친구가 있다. 당신에 관한 험담을 한 것이 분명해서 당신이 더는 말을 섞지 않는 동료가 있다. 당신이 수년간 연락을 끊고 지내는 형제가 있다. 언제부턴가 당신에게 말을 걸지 않는 자녀가 있다. 당신이 피하는 이웃이 있다. 관계를 끊은 사람이 다 기억도 나지 않을 만큼 많은가? 그렇다면 당신이 하나님이라면 당신을 어떻게 대할지는 말하지 않아도 뻔하다.

내 휴대폰에는 '차단 번호' 목록이 있다. 내가 전화번호를 차단할 때마다 그 목록에 번호가 추가된다. 한번은 차단 번호가 너무 많아서 놀란 적이 있다. 물론 대부분의 번호는 뭔가를 팔려고 계속해서 나를 귀찮게 한 스팸 번호다. 그 목록에는 선을 넘은 친척들의 번호도 있다. 내게 바가지를 씌운 배관 수리업자의 번호도 있다. 이외에 내가 알아볼 만한 번호가 여러 개지만 그 번호를 차단하게 된 이유는 잘 기억이 나질 않는다. 그 번호들은 누군가 우리에게 상처를 주거나 우리를 이용하거나 계속해서 뭔가를 요구할 때 우리가 어떻게 반응하는지를 말해 준다. 우리는 적어도 나중에는, 그들을 내치고야 만다.

요한복음 15장에서 예수님은 제자들과 거니시다가 포도나무와 가지들에 관한 이야기를 하셨다. 예수님은 가장 가까운 제자들에게 그분은 '포도나무'고 우리는 '가지'이며 하나님은 '농부'라고 설명하셨다. 그분은 농부가 열매를 맺지 않아 실망스러운 가지들을 어떻게 다루시는지 알려 주었다. 다소 탐탁지 않은 가지들이 있다. 괜찮아 보이는데 도통 열매가 없는 가지들이 있다. 항상 언젠가 바뀔 것이라고 말하지만 시간이 지나도 변하지 않는 가지들이 있다. 농부이신 하나님은 이런 가지를 어떻게 하실까? 하나님은 당신을 투명인간 취급하실까? 당신을 잘라 버리실까? 아예 차단하실까? 당신의 방법이 통하지 않을 때, 그리고 그것이 전적으로 당신 잘못일 때, 하나님은 당신과의 연결을 끊으실까?

이런 질문에 대한 답은 우리를 포도나무와의 더 깊은 관계로 초대하며, 우리가 끊어 낸 사람들과 다시 연결할 것을 촉구한다.

농부 하나님에 대한 오해

요한복음 15장은 하나님이 세 가지 종류의 가지를 어떻게 다루시는지를 보여 준다. 첫째, 하나님이 비생산적인 가지들을 어떻게 다루시는지가 기록되어 있다. 사실, 하나님의 처사가 약간 가혹하게 느껴지기도 한다. "내게 붙어 있어 열매를 맺지 아니하는 가지는 아버지께서 그것을 제거해 버리시고"(요 15:2).

음…… 기분 좋은 소리는 아니다. 우리가 충분히 잘하지 못하면, 충분한 열매를 맺지 못하면 제거당한다는 말처럼 들리기도 한다. 하나님이 우리를 빼놓고 다른 이들과 계속해서 나아가신다. 실제로 그런 일이 벌어진다면 우리 중 그 누구도 포도나무와 연결된 삶을 경험할 가망성이 사라진다.

하지만 농부가 열매 없는 가지를 무조건 잘라 버린다면 포도나무와 가지에 관한 예수님의 가르침과 일치되지 않아 보인다. 예수님은 우리가 그분 안에 거하고 그분과 연결된 상태를 유지하면 열매를 맺을 것이라고 약속하셨다(요 15:5). 그런데 예수님은 분명 "내게 붙어 있어 열매를 맺지 아니하는 가지는 아버지께서 그것을 제거해 버리시고"라고 말씀하셨다. 이는 포도나무에 연결되어서도 열매를 맺지 못할 수 있고, 그렇게 되면 하나님께 아무런 쓸모가 없다는 말씀처럼 들린다.

특히 어릴 적부터 교회에 다닌 사람들에게는 이 말씀이 성과를 강조하는 말씀처럼 들릴 수 있다. 내가 어릴 적에 주일학교에 다닐 때 벽에 표 하나가 걸려 있었다. 표 왼쪽 끝 칸에는 주일학교에 규칙적으로 출석하는 아이들의 이름이 전부 적혀 있었고 맨 위 칸에는 금색 스티커를 받기 위해 해야 할 일들이 적혀 있었다. 주일 예배 참석, 성경책 가져오기, 성경 구절 암송, 헌금, 친구 초대, 대표 기도 등이 있었다. 아, 금색 스티커를 받을 다른 방법도 있긴 있었다. 예의를 지키고, 공과 공부 시간에 잘 앉아 있고, 셔츠를 바지 안쪽으로 넣어 입고, 뒷정리를 돕는 것 등이었다. 매주 그 표를 보면 금색 스티커가 얼마나 붙어 있는지 한눈에 확인이 가능했다.

몇 달 뒤 그 표를 다시 보니 10여 개의 금색 스티커가 붙은 이름들과 겨우 1-2개의 금색 스티커가 붙은 이름들이 기분 나쁜 대조를 이루고 있었다. 연말에 주일학교 선생님은 도넛과 초콜릿 우유를 가져와 금색 스티커가 많은 아이들을 위한 파티를 열어 주셨다. 아무도 대놓고 말은 안 했지만 아이들은 하나님이 누구를 총애하고 누구에게 실망하셨는지를 분명히 인식했다.

우리와 하나님과의 관계가 이런 식으로 이루어질까? 하나님은 특정 개수의 금색 스티커를 얻지 못한 사람들을 모조리 제거하실까? 하나님은 우리의 수확량이 충분한 수준을 유지하는 동안에는 우리를 참아 주시지만, 우리가 시들어서 열매를 충분히 맺지 못하면 가차 없이 잘라 버리실까?

시든 가지는 가차 없이 제거하신다?

"제거하다"에 해당하는 헬라어 단어는 "아이로"다. 이 단어는 신약성경에 비교적 자주 나오는데, 주로 '제거하다' 혹은 '들어 올리다'를 의미한다. NIV 성경에서처럼 전자의 의미로 해석하면, 예수님은 죽어 가는 열매 없는 가지를 잘라 버리거나(cutting off) 제거하는(removing) 농부에 관해 말씀하신 것으로 볼 수 있다. 이것이 정확한 번역이라면 농부이신 하나님은 '죽었지만 아직 포도나무에서 떨어지지는 않은' 가지들을 가차 없이 잘라서 제거하신다.

하지만 하나님이 이 죽어 가는 열매 없는 가지를 '들어 올리신다'는 것도 똑같이 유효한 번역이다. "아이로"라는 단어는 요한복음에서 스물여섯 차례 등장한다. 요한복음 5장 8절에서 이 단어가 어떻게 사용되었는지 확인해 보라. 그 구절에서 예수님은 중풍에 걸린 사람에게 이렇게 말씀하셨다. "일어나 네 자리를 **들고**." 이 단어는 요한복음 8장 59절에서 다시 나타난다. 그 구절에서 예수님께 분노한 종교 지도자들은 "돌을 **들어** 치려 하거늘." 이처럼 아이로는 뭔가를 제거하는 것을 의미할 때도 있지만 뭔가를 집어서 들어 올리는 것을 의미할 때도 있다.

따라서 예수님은 농부이신 하나님이 죽은 가지들을 '제거하는' 상황을 말씀하신 것일 수도 있지만, 시들어 땅바닥에 끌리는 포도나무의 가지를 땅에서 '들어 올리는' 상황을 말씀하신 것일 수도 있다. 이 둘은 다른 방향을 가리키는 완전히 전혀 다른 해석이 된다.

당신이 방금 운전면허증을 딴 10대 딸의 부모라고 해 보자. 당신은 자동차를 잘 관리해야 한다고 딸에게 끊임없이 잔소리를 한다. "차에 항상 기름을 잘 채워 놓아야 해." 하지만 딸은 그 말을 귀담아듣지 않고 연료 게이지를 살피지 않는다. 당신은 딸의 차가 길가에서 곧 멈추는 건 시간문제임을 안다. 그리고 그렇게 딸의 차에 기름이 떨어지면 그것이 딸의 문제만 아니라 곧 당신의 문제가 된다는 것도 안다.

하루는 딸에게서 전화가 걸려 온다. 받아 보니 차에 기름이 떨어졌다고 한다. 고속도로 위에서 딸이 탄 차 옆을 휙휙 지나가는 다른 자동차들 소리에 딸의 목소리가 묻혀 버린다. 딸도 당신의 목소리를 잘 듣지 못한다. 그래서 당신은 전화를 끊고 문자 메시지를 보낸다. "내가 너를 **아이로**하러 갈게."

지금 당신의 10대 딸에게는 "아이로"의 해석이 매우 중요하다. "내가 너를 들어 올리러(도와주러) 갈게"라는 뜻이라면 당신 딸은 안심할 것이다. 도움의 손길이 오고 있으니까 말이다. 하지만 "내가 너를 제거하러(벌 주러) 갈게"라는 뜻이라면 당신 딸은 낙심할 것이다. 딸 혼자서 이 상황을 수습해야 한다. 당신은 분명 이런 상황을 경고했다. 따라서 경고를 흘려들은 딸은 마땅한 벌을 받는 것이다. 당신의 딸의 방법이 통하지 않을 때 딸은 부모의 도움을 받을까, 아니면 벌을 받을까?

딸은 기름이 떨어진 것에 대한 창피함과 주변에 무서운 속도로 지나가는 차들로 인한 두려움이 뒤섞인 가운데 길가에 서 있다. 딸은 당신의 문자 메시지를 다시 읽어 본다. "내가 너를 **아이로**하러 갈게." 여기서 "아이로"에 대한 딸의 해석은 무엇보다도 평소 당신이 딸을 어떻게 대했는지에 따라 결정된다. 딸의 해석은 부모의 성품에 근거해 이루어진다.

"아이로"에 관한 두 가지 다른 정의는 너무도 큰 차이를 낳는다. "아이로"를 어떻게 이해하고 정의하느냐에 따라 우리의 방법이 통하지 않을 때 우리가 하나님과 어떻게 관계 맺을지가 결정된다. 우리가 말썽을 많이 일으킬 때, 하나님의 분명한 지시와 명령을 무시하고 거역할 때, 시들어서 좋은 열매를 맺지 못할 때 하나님은 어떻게 하실까? 우리를 들어 올리실까, 우리를 제거하실까? 즉 우리를 도우실까, 벌 주실까?

많은 사람이 '제거'의 신학을 가진 탓에 예수님과의 연결을 회복하려고 애쓰지 않고 단절의 삶을 살아간다. 우리는 우리가 무슨 짓을 저질렀고, 무언가 해야 하는데 하지 않았는지를 이미 잘 알고 있다. 우리는 천국행 티켓에 우리의 금색 스티커가 많이 부족하다는 것도 잘 알고 있다. 우리가 하나님이라면 우리를 어떻게 하실지 내심 잘 안다. 그래서 우리는 당연히 거부당할 줄 알고서 미리 그분과 거리를 둔다.

수년 전 전국의 수많은 교회 리더들이 모인 콘퍼런스에 참석한 적이 있다. 거기서 옛 친구를 보고 얼마나 반가웠는지 모른다. 오랫동안 보지 못했지만 예전에는 정말 가깝게 지내던 친구였다. 그런데 내가 다가가 앉았는데도 그는 팔을 내린 채 아무 반응 없이 가만히 있었다. 어색한 순간이었다. 몇 분간 어색한 대화가 오간 뒤 우리는 헤어졌다. 무슨 일인지 모르지만 나한테

서운한 게 있음이 분명했다.

그날 콘퍼런스가 끝나고 그 친구에게 다음 날 아침 식사를 함께하자고 말했다. 그러자 그는 다소 당황한 표정으로 나를 물끄러미 쳐다보다가 마지못해 고개를 끄덕였다. 아침 식사 자리에서 나는 친구에게 말했다. "내가 잘못 느낀 건지는 모르겠는데 어제 좀 분위기가 이상했어. 우리가 한동안 못 만나긴 했지. 혹시 서운한 점이 있으면 말해 줘."

친구는 아무 말도 없이 휴대폰을 꺼내 문자 메시지를 클릭해서 내게 건넸다. 그가 내게 보낸 문자 메시지를 대여섯 개쯤 읽었는데 다 내가 답장하지 않은 메시지들이었다. 그의 마지막 메시지는 이러했다. "좋아. 나를 무시하는 것 같으니 더 이상 귀찮게 하지 않을게." 나는 혼란스러웠다. 수년간 그 친구에게 연락 한 번 못 받았고 그의 전화번호를 차단하지도 않았기 때문이다. 나는 그의 문자 메시지를 받은 적이 없었다.

갑자기 무슨 일인지 깨달아졌다. 친구가 문자 메시지를 보낸 전화번호를 보니 아니나 다를까 예전 번호였다. 지난 몇 년 동안 친구는 내가 자신을 무시했다고 생각했다. 자신을 차단했다고 생각했을 때 그의 반응은 어땠는가? 그는 더 이상 연락하지 않기로 마음먹었다. 내가 그를 내 삶에서 지웠다고 생각한 나머지 그 역시 단절을 택하고 나와의 관계를 끊었다.

우리도 이와 같은 식으로 하나님으로부터 단절되는 경우가 많다. 우리는 하나님이 우리를 포기하고 제거하셨다고 착각한다. 거부당하고 버림받았다고 느낀다. 그래서 교회에 안 나가고, 기도를 멈춘다. '하나님이 내가 보내는 메시지에 응답하시지도 않는데 나만 뭐 하러 노력해?' 우리는 우리가 뭔가 잘못해서 혹은 금색 스티커를 충분히 받지 못해서 버림받았다고 착각한다.

성경은 분명히 말한다. 하나님은 "노하기를 더디하고 인자와 진실이 많은" 분이며(출 34:6; 시 103:8) 절대 우리를 떠나거나 버리시지 않는다(신 31:6; 히 13:5). 하지만 우리는 자신이 한 짓이나 하지 않은 일을 떠올리며 하나님이 손에 가지치기용 가위를 들고서 열매를 충분히 맺지 않는 가지는 언제라도 가차 없이 잘라버리는 성질 고약한 농부라고 생각하는 경향이 있다. 우리는 하나님께 제거당하지 않도록 선해지려고 애쓰지만 '충분히 선해지는 것'의 기준이 무엇인지는 확실히 모른다. 그래서 평생 (자신이 그 기준을 충족했다고 생각하는) 자기 의와 (자신이 그 기준에 미치지 못한다고 확신하는) 수치 사이를 오락가락한다.

나는 하나님이 나를 사랑하시고 용서하시며 나를 죄에서 구원하셨다고 진심으로 믿는다. 나는 이것들이 사실임을 틀림없이 안다. 하지만 솔직히 말해, 때로 하나님이 내게 짜증이 나시지 않았을까 하고 생각하곤 한다. 하나님이 나를 억지로 참아 주고 계시며, 내가 계속해서 이렇다 할 열매를 맺지 못하면 하나님이 나를 제거하실 것 같은 생각이 들 때가 있다.

당신도 그럴 때가 있지 않은가? 하나님에 대한 이런 오해는 미묘하지만 매우 좋지 않다. 그리고 이 오해는 저마다 다른 원인에서 비롯한다.

하나님의 진리에 관해서는 큰 소리로 외치고 하나님의 은혜에 관해서는 작은 소리로 속삭인 교회 설교자가 원인일 수 있다.

당신이 성격상의 문제점을 드러내자마자 이별을 통보해서 당신을 사랑하는 일이 누구도 감당할 수 없는 짐처럼 느껴지게 만든 전 애인이 원인일 수 있다.

당신의 아버지가 그 원인일 수 있다. 기름이 떨어져 차가 도로 한복판에 서도 아버지가 알면 불같이 화를 낼 것이 빤하기 때문에 아버지에게 전화를 걸지 못하는 것이 원인일 수 있다.

당신의 삶을 망가뜨린 일련의 비극이 원인일 수 있다. 비극을 연달아 겪다 보면 당신이 제대로 하지 않아 하나님이 벌 주시는 게 아닌가 하는 생각이 들 수 있다.

궁극적으로는 하나님이 우리를 거부하고 잘라 냈다고 속삭이는 원수가 그 원인이다.

더없이 부드러운 손길로

대체 무엇이 맞는가? 잘라 내는 것? 들어 올리는 것?

내가 가장 좋아하는 성경 구절 중 하나는 로마서 8장 38-39절이다. 여기서 사도 바울은 하나님이 우리를 거부하셨다는 생각을 저만치 몰아낸다.

내가 확신하노니 사망이나 생명이나 천사들이나 권세자들이나 현재 일이나 장래 일이나 능력이나 높음이나 깊음이나 다른 어떤 피조물이라도 우리를 우리 주 그리스도 예수 안에 있는 하나님의 사랑에서 끊을 수 없으리라.

우리를 향한 하나님의 사랑이 변하지 않는다는 사실을 이보다 더 확실하게 전달한 구절도 없을 것이다. 그 무엇도 그 사랑을 바꿀 수 없다. 우리의 시간 낭비도, 우리의 냉담과 무관심도, 우리의 은근한 불순종도, 이혼이나 중독, 불륜도, 우리의 게으름이나 나쁜 습관도, 우리의 참을성 없는 성미나 가혹한 말도, 우리 삶에서 가장 후회스러운 일도, 금색 스티커가 하나도 붙어 있지 않는 표라 할지라도, 그 무엇도 우리 주 예수 그리스도 안에 있는 하나님의 사랑에서 우리를 떼어 놓을 수 없다.

실제로 한 포도원 주인과 온종일 시간을 보내고 난 뒤로 "아이로"의 정의가 더욱 선명하게 다가왔다. 나는 그에게 가지들을 어떻게 돌보는지 물었다. 그의 말을 듣고, 더 중요하게는 그의 행동을 관찰하면서 농부로서의 하나님에 관해 더 분명한 이미지를 얻게 되었다.

그 농부는 '포도나무에 붙어 있긴 하지만 열매가 없는' 가지를 바라본다. 이 가지는 주변에 가득한 잡초와 흙에 뒤덮여 시들어 비실대고 있다. 하지만 나무에 붙어 있는 한 희망은 있다. 그래서 그다음 농부는 어떻게 하는가? 시들어 늘어진 그 가지를 조심스럽게 들어서 흙과 잡초들로부터 떨어뜨려 놓는다. 그리고 가지에 묻은 흙을 털어 내고, 살아날 수 있도록 다른 가지들과 잘 엮어 놓는다. 농부의 목표는 시든 가지들을 "아이로"하여 가지끼리 단단히 엮어 열매가 자랄 수 있도록 하는 것이다.

우리의 방법이 통하지 않아 흙과 잡초로 뒤덮일 때 은혜로운 마음과 부드러운 손길로 우리를 들어 올리시는 분이 있다. 한때 시든 가지였던 나는 이런 하나님께 무한히 감사드릴 뿐이다. 하나님은 흙과 잡초로 뒤덮인 나를 보고 은혜로운 손으로 들어올려 세상 먼지 가득한 흙을 털어 내셨다. 그리고 나서 내가 자라 다시 생명을 경험할 수 있는 곳에 나를 두셨다.

한 행사에 강사로 참석했다가 한 남성을 만날 기회가 있었다. 여기서는 그를 애덤이라고 부르겠다. 애덤은 수년 전에 교도소에 간 적이 있다고 고백했다. 어떤 죄를 지었는지는 밝히지 않았고 나도 묻지 않았다. 교도소에 수감되었을 당시 그는 글을 읽지도 쓰지도 못하는 까막눈이었다. 하지만 그리스도인이었던 다른 재소자가 그에게 성경을 사용해 글 읽는 법을 가르쳐 주겠다고 제안했다. 이 재소자는 그에게 읽기를 가르치기 위해 많은 시간을 들었다. 결국 애덤은 예수님에 관해 읽는 법을 배웠을 뿐만 아니라, 예수님의 제자가 되었다. 애덤은 출소한 뒤 자신이 사는 작은 마을의 한 교회에서 교인들과 연결되기 위해 노력했다. 하지만 그가 전과자라는 사실이 알려지자 많은 교인이 그를 불편하게 여겼다. 그들은 그가 '튼튼한 가지들'과 엮일 수 없다고 생각했다.

그 교회에 오랫동안 다니면서 겉으로는 온갖 그럴듯한 열매를 맺은 듯 보이던 한 가족은 결국 목사를 찾아가 애덤을 내보내지 않으면 자신들이 교회를 떠날 거라고 엄포를 놓았다. 그들은 애덤을 공식적으로 내보낼 때가 되었다고 판단했다. 목사는 그 가족에게 예수님이 애덤 같은 자들을 위해 오셨다고 설명했다. 결국 그 가족은 교회를 떠났고, 곧 다른 교인들도 따라 나갈 기세였다. 애덤은 자신이 너무 엉망으로 살았기에 하나님과 교회로부터 단절될 수밖에 없다고 생각했다.

어느 주일 밤 목사는 설교 후 애덤에게 앞으로 나오라고 요청했다. 그 순간 애덤은 어떤 일이 벌어질지 알았다. 그는 목사가 자신의 전과 사실을 온 교인에게 밝혀 자신을 교회에서 내보낼 것이라 확신했다. 그는 고개를 푹 숙인 채 앞으로 조심스레 걸어 나갔다. 그는 곧 일어날 일을 생각하며 지독한 수치심에 빠져 있었다. 그가 떠나기를 바라는 일부 교인들조차 이런 식을 바란 건 아니었다. 그들은 목사가 그를 조용히 내보내길 원했다.

그래야 자신들이 덜 민망할 테니까 말이다.

애덤이 앞으로 나오자 목사는 자신이 내린 결정을 교인들에게 밝히겠다고 했다. 그는 애덤이 교도소에서 출소한 뒤로 직장을 찾지 못했다고 말하면서 이렇게 선포했다. "애덤 성도님을 여기로 나오라고 한 것은 일자리를 주기 위해서입니다. 애덤 성도님, 교회 시설 관리를 맡아 주시겠습니까?" 목사는 그렇게 말하고 나서 주머니에서 교회의 여분 열쇠를 꺼내 애덤에게 건네면서 주일마다 교회 문 여닫는 일을 맡아 달라고 말했다.

내게 이 이야기를 전하는 애덤의 눈에서 하염없이 눈물이 나와 뺨을 타고 흘러내렸다. 그는 내게 그 전까지는 어떤 용도의 열쇠든 한 번도 가져 본 적이 없다고 말했다. 그는 사랑받고 용납받았다고 느꼈다. 외로움의 한복판에서 들어 올려져 사랑으로 연결된 것이다.

내가 그 남성을 어디서 만났는지 아는가? 나는 교도소가 아니라 목회자 콘퍼런스에서 메시지를 전하고 있었다. 애덤이 그 교회 열쇠를 받은 게 벌써 6년 전 일이고, 지금 그는 그 교회 목사로 섬기고 있다.

나는 당신이 당신을 어떻게 할지, 그리고 다른 사람들이 당신을 어떻게 대할지는 잘 모르겠다. 하지만 하나님이 당신을 어떻게 하기를 원하시는지는 분명히 안다. 영적으로 메말라 있는가? 자신이 영적으로 죽은 것만 같은가? 당신의 삶은 내내 비생

산적이었는가? 흙과 잡초로 뒤덮여 있은 지 오래인가? 아무래
도 상관없다. 하나님은 당신을 조심히 들어 올려 세상 먼지로
뒤덮인 흙을 털어 내고자 하신다.

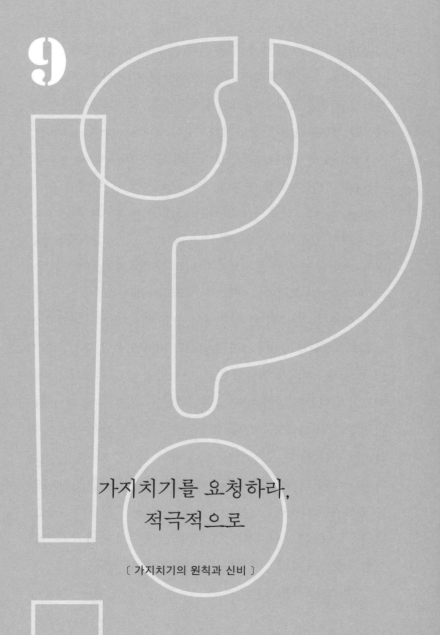

9

가지치기를 요청하라,
적극적으로

〔 가지치기의 원칙과 신비 〕

1980년대는 살기 좋은 시대였다. 적어도 영화광에게만큼은 그랬다. 세인트 헬레네 화산 분출과 냉전, 특히 앞머리를 풍성하게 부풀린 헤어 스타일은 잊어버리라. 클래식 영화들만 생각하라. 1980년대는 우리에게 〈구니스〉(Goonies)와 〈그렘린〉(Gremlins)을 선사했다. 〈프린세스 브라이드〉(The Princess Bride)와 〈이티〉(E.T.)도 빼놓을 수 없다. 아, 오리지널 〈인디아나 존스〉(Indiana Jones)도 있다. 〈네버엔딩 스토리〉(The NeverEnding Story)를 본 적이 있는가? 이 시기에 나온 영화 중 내가 가장 좋아하는 영화 중 하나는 랄프 마치오가 다니엘 라루쏘로 분한(성룡이 미야기로 나오지 않는) 오리지널 〈베스트 키드〉(Karate Kid)다.

〈베스트 키드〉의 한 장면에서 주인공인 10대 다니엘이 어느 방에 들어가니 80대 가라테 스승인 미야기가 있었다. 미야기는 분재 가지치기에 여념이 없다. 다니엘은 작은 식물의 가지를 여기저기 다듬어 잘라 내는 스승의 모습을 지켜본다. 다니엘은 이 식물은 안 그래도 작은데 계속해서 가지를 쳐 대는 스승이 뭘 하려는 건지 통 알 수가 없다. 도대체 이 식물의 가지들을 잘라 내서 뭐하려는 걸까. 미야기는 다니엘에게도 가지를 잘라 보라고 권하지만 다니엘은 실수로 식물을 죽이지는 않을까 겁을 낸다. 미야기는 그런 다니엘의 두려움을 없애 주기 위해 눈을 감고 정신을 집중해 보라고 말한다. "오직 나무만 생각하거라."

다니엘은 아름다운 분재 한 그루를 머릿속에 떠올리며 눈을 뜬다. 그러고 나서 머릿속에 그린 대로 나무를 손질하고 필요 없어 보이는 가지를 쳐 내기 시작한다. 다니엘은 그제야 분재가 막대한 시간과 기술을 요하는 예술이라는 사실을 깨닫는다. 누가 작업하느냐에 따라 분재 값은 천정부지로 치솟는다. 어느 나무 분재는 무려 130만 달러에 판매되기도 했다. 분재는 일반적인 예술 작품과 다르다. 계속해서 돌보고 가지치기를 해야 하는 정성이 들어간다. 영화에서 다니엘은 자신이 머릿속에 그린 나무의 잠재력을 믿어야 한다는 사실을 깨닫는다. 그렇지 않으면 두려운 나머지 나뭇가지 하나도 잘라 낼 수 없게 된다.

요한복음 15장은 하나님을 항상 가지치기를 하고 있는 훌륭한 농부로 묘사한다. 우리의 방법이 통하지 않아도 우리는 포도나무에 연결된 채 농부가 염두하고 있는 밑그림을 믿어야 한다. 가지치기 대상이 되면 가위질 하나하나의 손놀림을 본능적으로 의심하게 마련이다. 하지만 하나님은 아무렇게나 일하시지 않는다. 머릿속에 분명한 그림을 그리고 계신다. 가지가 된다는 것은 하나님의 가지치기에 맞서지 않는 법을 배우는 것을 의미한다. 그리하면 하나님이 우리를 위해 상상하신 아름답고도 열매가득한 삶을 온전히 경험할 수 있다.

하나님의 가지치기가 우리와 다른 사람들 눈에 분명하게 잘보일 때가 있다. 반면 눈에 띄지 않을 정도로 가지를 조금씩 잘라 내시지만, 시간이 흐를수록 차츰차츰 아름다운 모습을 이루어 갈 때도 있다. 하나님은 그분의 마음과 비전에 일치하도록 우리를 끊임없이 가지치기하며 만들어 가시는 농부다. 하나님은 분명한 그림을 염두에 두고 일하신다. 우리는 가지치기를 당하는 중에도 그분이 그리고 계시는 밑그림을 믿어야 한다.

가지치기의 기본

> 무릇 내게 붙어 있어 열매를 맺지 아니하는 가지는 아버지께서 그것을 제거해 버리시고 무릇 열매를 맺는 가지는 더 열매를 맺게 하려 하여 그것을 깨끗하게 하시느니라.
> 요한복음 15장 2절

이 성경 구절의 앞부분은 이미 살펴보았다. '제거하다'나 '들어 올리다' 중 하나를 의미하는 헬라어 단어 "아이로"에 관해 살펴보았다. 복습해 보면, 많은 성경 역본이 이 단어를 하나님이 포도나무에 연결된 것처럼 보일 뿐 이미 죽은 가지들을 '제거하신다'는 표현으로 번역했지만, 대부분의 포도원 농부는 이 단어를 당연히 '들어 올리다'로 해석할 것이다. 그들은 포도나무 가지를 돌보기 위해서는 들어 올리는 작업이 필수임을 알기 때문이다. 포도나무 가지가 열매를 맺을 수 있으려면 땅에서 어느 정도 높이까지 들어 올려 줘야 한다는 것이다. 바로 이것이 포도나무에 연결되었으나 비실비실한 가지들에게 하나님이 하시는 일이다.

하지만 포도나무에 잘 연결되어 이미 열매를 맺고 있는 가지들은 어떤가? 더없이 튼튼해 보이고 많은 열매를 맺고 있는 가지들. 이런 가지는 계속해서 자라도록 그냥 놔두는 것이 마땅해 보인다. 그런데 예수님은 하나님이 이런 가지를 "더 열매를 맺게 하려" 가지치기하신다고 말씀하신다.

2003년부터 마티아손 와인(Matthiasson Wines)은 내퍼 지방에서 고급 와인을 생산해 왔다. 그 업체는 자사의 웹 사이트에서 포도나무를 어떻게 가지치기하는지 설명하고 있다.

> 포도나무를 왜 가지치기하는가? 가지치기하지 않으면 야생
> 상태로 금세 회귀해서, 질이 고르지 않은 포도들이 달려 듬성듬성
> 자란 가지와 길고 억센 줄기가 사방으로 기어 올라간다. 매년
> 포도나무의 성장을 점검해서 가지치기를 많이 할지, 좀 더
> 크게 자라도록 놔둘지, 지난해와 같은 크기와 형태로 되돌릴지
> 결정해야 한다.[1]

잘라서 버리는 가지치기가 아니라 이전 상태로 되돌리는 것이다. 이는 뚜렷한 목적이 있는 가지치기다. 물론 '회사에서 **잘렸다**'는 표현처럼 뭔가를 잘라 내는 것은 긍정적인 의미로 사용

되는 경우가 거의 없다.

가지치기는 부정적이고 고통스러운 과정을 수반하는 것처럼 들리며, 실제로 그럴 수 있다. 물론 우리도 눈치채지 못할 만큼 약간의 가지치기는 크게 어려울 게 없다. 하지만 대개 이런 종류의 가지치기는 식물을 제대로 돌보거나 열매를 얻는 데 가장 효과적인 방법이 아니다. 버몬트대학교(University of Vermont) 원예학 교수였다가 은퇴한 레오나드 페리는 원예가와 농부가 저지르는 가장 큰 실수는 가지치기를 충분히 하지 않는 것이라고 주장한다. 그는 최소한 성장한 가지의 70퍼센트를 잘라 내야 한다고 말한다. 매우 큰 비율이다! 우리가 사랑하거나 기대하는 것, 최소한 우리가 익숙해진 것 중 큰 부분을 차지하는 덩어리가 하나님의 가위질에 잘려 나가면 분명 고통스러울 수 있다.

최근 우리 교인 중 한 명이 가지치기의 고통스러운 경험을 내게 나누었다. 그는 한 회사에서 30년 가까이 근속했다. 경기의 부침을 겪으면서도 그는 그 회사를 떠나지 않고 그곳에서 은퇴할 생각을 했다. 그런데 어느 날 출근해서 사장실에 불려갔는데 인원 감축으로 그의 해고가 결정되었다는 통보를 받게 되었다. 그는 그날로 책상을 정리하고 사원증을 반납해야 했다. 그는 상자 하나를 찾아 모든 물품을 집어 넣었다. 인사부에서 온 누군가가 상자 안의 물품을 검사하고 나서 그를 주차장까지 안내했다. 그는 차를 타고 집에 오는 내내 정신을 차릴 수 없었다. 방금 일어난 일이 꿈만 같았다. 재정적으로는 문제가 없었지만 이 일은 그가 계획해 온 미래가 아니었다. 그는 거부감과 배신감, 창피함이 뒤섞인 감정에 온몸을 부르르 떨었다.

그런데 그가 이 이야기를 어디서 내게 했는지 아는가? 나는 장애아들을 위한 캠프에 방문 중이었고, 그는 그 주의 자원봉사자 중 한 명이었다. 그는 실직에 대해 한탄하고 있지만 않았다. 심지어 불평하지도 않았다. 그는 감사가 가득한 얼굴로 그 이야기를 전했다. 그는 이 아이들의 삶에 선한 영향을 끼치고 싶었는데 이제야 그렇게 할 수 있는 시간이 생겼노라고 했다. 물론 그가 평생을 투자하며 아꼈던 것이 그의 삶에서 도려져 나갔다. 처음에는 그것이 고통스러웠지만 점점 다른 그림이 나타나기 시작했다.

아프지만 형벌이 아니다

가지치기는 고통스럽지만 결코 형벌이 아니다. 물론 받아들이기 힘든 게 사실이다. 원치 않게 고통스러운 일이 발생하면 우리는 그것을 형벌이라고 생각하기 쉽다. 가지치기와 정련을 형벌로 보면 이를 어떻게든 거부하게 된다. 그것을 받아들이기보다 분노하며 반항하게 된다.

구약성경의 욥은 사업, 가족, 재물, 건강까지 삶에서 온갖 것이 잘려 나가는 경험을 했다. 친구들은 그의 고난에 관한 소식을 듣고 사실상 이렇게 물었다. "이보게, 욥. 자네가 도대체 무슨 짓을 했기에 하나님이 이렇게 노하셨는가?" 아내는 가족들의 삶이 비참해진 것이 하나님 탓이라고 여기고 욥에게 "하나님을 욕하고 죽으라"고 말하기까지 했다(욥 2:9).

하지만 요한복음 15장에 나온 가지치기 관련 말씀을 보면 고통스러운 일이 다 하나님의 형벌은 아니다. 삶에서 소중히 여기던 것을 잃거나 계획이 수포로 돌아가는 것은 하나님이 우리를 벌 주시기 때문이 아닐 수 있다. 하나님이 가지치기를 하시는 것일 수 있다. 하나님은 머릿속에 분명한 그림을 그리고 계시니 그분의 가지치기를 믿어도 좋다. 그렇다면 이렇게 물을 수밖에 없다. "가지치기가 형벌이 아니라면 대체 무엇이란 말인가? 가지치기의 목적은 무엇인가? 하나님은 왜 가지치기를 하시는가?"

가지치기의 종류

포도나무에 연결된 가지는 다양한 순과 잎을 낸다. 그런데 우리 삶 속에는 하나님이 가지치기하시는 '순과 잎'이 있는 것처럼 보인다. 우리는 이 순과 잎을 세 범주로 나눌 수 있다.

죽은 순과 죽어 가는 순

첫째, 하나님은 우리 삶에서 이미 죽은 순과 죽어 가는 순을 잘라 내신다. 우리의 삶, 나아가 주변 사람들의 삶을 망치기 시작한 남모를 죄, 해로운 관계, 악한 습관이 그런 순에 해당한다. 하나님은 이런 방식의 삶은 통하지 않는다는 것을 아신다. 그래서 죽은 순과 죽어 가는 순에 손대신다. 몸에서 암 덩어리를 제거하는 외과의처럼 하나님은 우리의 삶 속에서 자라나기 시작하는 악한 것들을 도려내신다.

하나님은 우리 안에 거하시는 성령을 통해 이 일을 하신다. 예수님은 제자들에게 이렇게 말씀하신다. "진리의 성령이 오시면 그가 너희를 모든 진리 가운데로 인도하시리니"(요 16:13). 성령은 우리의 방법이 통하지 않는다는 것을 깨닫게 하신다. 성령은 우리 삶에서 하나님의 뜻과 일치되지 않는 영역을 보여 주신다. 성령의 접근법은 흔히 '성령의 깨우치심'이라고 불리는데, 하나님은 성령의 깨우치심을 통해 우리의 죽은 태도, 죽어 가는 태도를 쳐 내신다.

성령이 깨우쳐 주심을 경험한 때를 떠올려 보라. 이것은 죄의 리듬에 빠져 혼수상태인 영혼을 깨우는 영적 제세동기의 충격이다. 갑자기 눈앞이 훤해지면서 자신이 유익한 삶을 살지 않고 오히려 하나님의 마음을 슬프게 했다는 사실이 깨달아진다.

때로 하나님은 죽거나 죽어 가는 순과 잎을 드러냄으로써 가지치기하신다. 하나님은 어둠 속에 남아 있는 것을 빛 가운데로 가져오신다. 중독이 더 이상 비밀이 아니게 된다. 추악한 문자 메시지가 밝혀진다. 우상이 드러난다. 거짓말이 발각된다. 하나님은 사랑의 폭로를 통해 가지치기를 하신다. 우리의 방법이 통하고 있지 않다는 사실이 우리만이 아닌 주변 사람들에게 훤히 드러난다. 물론 창피할 수 있다. 호된 대가를 치러야 할 수 있다. 삶이 송두리째 흔들릴 수 있다. 하지만 하나님은 우리의 일시적인 안위보다 영원한 건강에 훨씬 많은 관심을 갖고 계신다.

하나님이 우리를 가지치기하고 정련하시는 가장 흔한 방식 중 하나는 우리를 사랑하고 잘 아는 사람들의 권면을 통해서다. 그들은 우리를 잘 알기에 우리 상태가 건강하지 않은 것을 간파하고서 사랑의 조언을 해 줄 수 있다. 그들도 불편한 대화를 원할 리 없지만 우리를 사랑하기에 가만히 있을 수 없어 입을 연다.

최근 열 명의 동역자에게 내 삶 속에서 성장이 필요한 영역 한두 가지를 말해 달라고 부탁했다. 그중 한 명은 거리낌 없이 대여섯 가지의 문제점을 지적해 주었다. 그 사람은 마치 이 순간만을 기다려 온 사람 같았다. 평생……은 아니고 결혼 생활 내내 어찌 참고 기다렸나 싶다. 열 명 중 두 명은 솔직하게 대답해 주었는데 그들은 늘 내게 조언해 주던 사람들이라 그들의 쓴소리는 견디지 못할 만큼 힘들지는 않았다. 나머지 일곱 명은 이 시간을 오히려 나를 격려할 기회로 삼았다. 그들은 딱히 머릿속에 떠오르는 문제점이 없다고 말했다. 나는 그것이 진심이 아님을 안다. 단지 친절하게 굴려고 노력하는 것일 뿐임을. 그들에게 내가 이렇게 말했다. "저를 격려하려는 것은 알겠어요. 고맙기는 하지만 지금 저는 가지치기가 필요한 상황이에요. 그러니까 잘 못된 점을 솔직히 지적해 주는 것이 저한테 도움이 된답니다."

사실, 열 명 모두 내게서 바로잡아야 할 문제점을 보고 있었다. 하지만 내가 가지치기용 가위를 주며 간곡히 부탁하기 전까지는 그들 대부분 그 어느 것도 이야기하려 들지 않았다. 이러한 나눔이 주는 예기치 못한 유익은 내 문제점을 보는 데 도움이 될 뿐만 아니라, 그들과 더욱 깊이 연결될 수 있었다는 것이다. 사실, 그 시간이야말로 내 평생에 가장 덜 외로운 시간 중 하나였다. 나는 비판받을 각오로 임했는데 오히려 사랑받는다고 느꼈다. 누군가가 우리의 본모습을 보고도 상관없이 사랑해 주는 것을 깨달을 때 특히 더 깊은 연결이 이루어진다.

열 명에게 문제점을 말해 달라고 부탁하지 않더라도 살다 보면 받아들이기 힘든 조언을 듣게 될 때가 있다. 그럴 때 어떻게 반응할 것인가? 민감하게 굴며 얼굴을 붉힐 것인가? 우리 대부분은 일단 방어적으로 굴 것이다. "아, 우리가 이런 사이였어? 서로 잘못을 지적하는 사이였어? 정말 몰랐네. 좋아, 나도 똑같이 해 주지." 그러면서 우리도 가지치기용 가위를 꺼내 든다.

그러고는 반격한다. 하지만 이런 반응은 '꼭 필요한 가지치기'를 거부함으로써 그리스도를 닮아 성장할 기회를 놓치게 한다. 하나님은 우리 삶 속의 죽거나 죽어 가는 순과 잎을 제거하기를 원하신다. 하지만 그 가지치기를 받아들이려면 겸손하게 낮아짐과 하나님의 음성에 대한 예민함이 필요하다.

영양분을 앗아 가는 순

포도나무에 붙어 있는 가지를 유심히 살펴보면 영양분을 앗아 가는 순들을 흔하게 볼 수 있다. 이 순은 열매를 맺으려고 자라는 게 아니다. 이 순은 열매 맺는 가지를 자라게 하는 포도나무의 영양분을 훔쳐 간다. 겉으로는 해롭거나 파괴적으로 보이지 않지만 가지가 열매를 맺기 위해 필요한 에너지를 훔쳐 가는 것이다.

나는 주변 사람들에게 하나님이 그들의 삶에서 어떤 순을 잘라 내셨는지를 예를 들어 달라고 부탁했다. 한 친구는 뉴스에 대한 집착이 삶을 방해할 정도로 심해진 적이 있었다고 고백했다. 그는 아침에 눈을 뜨자마자 뉴스를 확인하고, 밤에 눈을 감기 직전에도 확인했다. 그뿐만 아니라 그의 휴대폰은 종일 징징 울려 대며 최신 뉴스를 날랐다. 심지어 그는 뉴스의 댓글까지 빼놓지 않고 찾아 읽었다. 이 정도면 보통 심각한 문제가 아니다.

우리 그룹의 한 부부는 아이들의 스포츠 경기가 그런 순이었다고 고백했다. 매일같이 연습과 주말 시합을 따라다니느라

하나님과 서로에게 연결될 시간도 에너지도 남아 있지 않다고
했다.

한 친구는 휴대폰 사용 시간을 확인하고서 결단과 정리가
필요함을 깨달았다고 말했다. 그는 자신이 넷플릭스, SNS, 유튜
브 쇼츠에 사용하는 시간을 확인하고서 깜짝 놀랐다. 그에게는
그런 앱이 잘라 내야 하는 순이었다.

영양분을 훔쳐 가는 순은 지속적인 순지르기와 관리를 필요
로 한다. 순 하나를 잘라 내는 순간, 그 자리에서 새로운 순이 움
트기 시작한다. 따라서 이는 죽을 때까지 끝나지 않는 전쟁이다.

건강한 가지

이상하게 들릴지 모르지만 하나님은 죽거나 죽어 가는 가
지만이 아니라 열매 맺는 건강한 가지도 가지치기를 하신다. 왜
일까? 농부라면 그 이유를 다 알 것이다. 때로 농부는 더 좋고 풍
성한 열매를 위해 적당히 좋은 뭔가를 잘라 내야 한다. 예수님이
그분 안에서 열매를 맺는 모든 가지가 가지치기를 해야 한다고
말씀하신 것이 바로 그것이다(요 15:2). 우리가 영적으로 건강한
상태에서 열매를 맺고 있을 때, 우리의 방법이 통하는 것처럼 보
일 때도 하나님은 가지치기를 단행하신다. 그것은 그분이 예수
님의 장성한 분량을 지향하시고 우리 중 어느 누구도 그 분량에
이르지 못했기 때문이다.

건강하게 열매를 잘 맺고 있는 가지를 잘라 내는 것은 당장은 우리의 직관에 반한다. 아직 존재하지도 않는 열매를 기다리는 중인데 이미 존재하는 열매를 베어 버린다? 너무도 비생산적으로 보인다. 하지만 예수님은 "더 열매를 맺게 하려" 이미 열매 맺은 모든 가지를 가지치기할 것이라고 설명하신다.

예수님은 우리가 행복해지도록 우리를 가지치기하거나 정련하시는 것이 아니다. 하나님은 비슷한 수준의 유머 감각을 지니면서도 훨씬 매력적인 남자를 마련해 놓으셨기에 당신에게서 '성격 좋은' 그 남자와의 관계를 끊으시려는 것이 아니다. 물론 이런 시나리오가 전혀 불가능은 아니지만 이것이 하나님이 가지치기를 하시는 주된 목적은 아니다.

하나님은 우리가 세상적인 기준에서 더 성공할 수 있도록 가지치기하시는 것이 아니다. "하나님, 그래서 제게서 이 직장을 거둬 가신 건가요? 연봉이 훨씬 더 높은 다른 직장을 주시려고요?" 이런 시나리오도 역시 가능하지만, 하나님이 열매에 관한 세상적인 정의에 따라 역사하신다고 생각한다면 그것은 철저히 오산이다.

하나님은 가지치기를 하실 때 분명한 열매들을 염두에 두고 계신다. 그 열매들은 바로 "사랑과 희락과 화평과 오래 참음과 자비와 양선과 충성과 온유와 절제"다(갈 5:22-23).

하나님은 우리의 궁극적인 선을 위해 우리를 가지치기하신다. 우리에게 궁극적으로 좋은 것, 진정으로 좋은 것이 반드시 이 세상에서 '좋게' 보이거나 느껴지는 것은 아니다. 우리에게 진정으로 좋은 것은 모든 좋은 것의 근원이신 하나님과의 친밀한 관계 안에 거하는 것이다. 요한복음 15장에서 몇 구절 뒤를 보면 예수님은 하나님이 그분의 영광을 위해서도 우리를 가지치기하신다고 말씀하신다. "너희가 열매를 많이 맺으면 내 아버지께서 영광을 받으실 것이요 너희는 내 제자가 되리라"(8절). 하나님은 우리의 궁극적인 선과 그분의 궁극적인 영광을 위해 우리를 가지치기하신다.

가지치기에는 분명한 목적이 있다. 가지치기의 목적은 생산적인 뭔가를 위해 우리를 준비시키는 것이다. 생산적인 뭔가는 언제 나타나느냐고? 좋은 질문이다. 그 시간은…… 음…… 나중에 찾아온다. 시간표가 좀 더 구체적이고 예측 가능하면 아무래도 좋을 것이다. 하지만 기다림이야말로 그리스도 안에 거하는 삶을 훈련하기에 가장 좋은 방법이다.

현명한 기다림, 때가 이를 때까지

몇 년 전, 우리 집에 나무 한 그루를 심기 위해 조경 전문가를 불렀다. 그런데 그는 우리 집에 와서 분명 좋은 마음에서 장미 나무들의 가지치기를 해 주었다. 아니, 장미 나무들의 꼴을 보고 안타까워서 그리 한 것이다. 그는 우리 집 장미 나무들에 가지치기가 얼마나 필요한지를 제대로 봤다. 나는 여태껏 가지치기를 이유로 조경 전문가를 부른 적이 한 번도 없었다. 우리가 직접 가지치기를 한 적은 있지만 장미꽃이 피지 않은 겨울에만 했을 뿐이다. 아름다운 꽃이 피며 잘 자라고 있는데 굳이 그 꽃을 왜 잘라 낸단 말인가? 장미를 보기 위해 장미 나무를 심은 게 아니던가? 그런데 어렵게 얻은 장미를 왜 잘라 내는가! 나는 조경 전문가가 장미를 왕창 베어 내고 나무 끝을 꽤 짧게 잘라 낸 모습에 충격을 받았다.

아무래도 이 전문가는 가짜가 아닌가 싶은 생각마저 들었다. 그래서 나도 모르게 짜증을 내고 말았다. "장미를 죄다 잘라 내셨네요?"

전문가는 "네, 가지치기 과정의 일부랍니다"라고 말했다. 그는 내가 가지치기에 관해 잘 모르며, 내 목소리에 한껏 불만이 담긴 것을 눈치채고서 이렇게 설명했다. "지금은 이해가 되지 않겠지만 때가 될 때까지 기다려 보십시오. 괜히 이렇게 한 게 아니니 저를 믿으세요." 그는 휴대폰을 꺼내 자신의 조경 작품 사진들을 보여 주었다. 그는 가지치기를 할 때마다 분명한 그림을 염두에 두고 있었다. 그것은 매년 더 많은 장미꽃을 피우는 장미 밭에 관한 그림이다.

"지금은 이해가 되지 않아도 때가 될 때까지 기다리라." 이

것이 농부이신 하나님이 우리에게 주시는 메시지다. 하나님이 당신 안에서 무엇을 형성하고 계신지 혹은 당신을 통해 무엇을 낳고 계신지 정확히 이해할 수 없어 답답한가? 하지만 때가 될 때까지 기다리라. 지금은 하나님이 가지치기를 너무 심하게 하고 계신 것 아닌가 싶을지 모르지만, 우리가 아직 완전히 볼 수 없는 그림이 있다. 우리에게서 소중한 것이 떨어져 나간 것이 반직관적이고 비생산적으로 느껴질 수 있다. 하지만 때가 될 때까지 기다리라.

가지치기, 지속적이고 꾸준한 과정

당신에게 한 가지 도전을 주고 싶다. 가지치기가 형벌이나 목적 없는 사건이 아니라 분명한 목적으로 진행되는 일이라면, 그분께 가지치기를 요청하라. 가지치기를 해 달라고 간구하라. 가지치기에 관한 예수님의 묘사가 정확한 것이라면 단순히 가지치기를 받아들이거나 감내할 것이 아니라 요청해야 마땅하다. 나는 우리가 요청한 가지치기가 요청하지 않은 가지치기보다 훨씬 덜 고통스럽다는 사실을 어렵게 깨달았다.

나라면 건강을 회복하기 위해 전기톱이 필요해질 때까지 기다리는 것보다 하나님의 주권적인 가위질을 계속해서 요청할 것이다. 가지치기는 지속적이고 꾸준한 과정이어야 한다. 교회 공동체에 참여하는 것이 그토록 중요한 이유 중 하나는 그것이 하나님의 가지치기를 요청하기에 가장 좋은 환경이기 때문이다. 교회 출석이나 성경 읽기를 피하고 있는가? 십중팔구 그것은 당신의 생각과 뜻이 도전받기 때문일 것이다. 하지만 바로 그런 점 때문에 가지치기가 필요하다. 하나님이 사랑하는 마음에서 어쩔 수 없이 거대한 전기톱을 꺼내 드실 때까지 안주하며 태평하게 사는 것보다 도전에 응하며 잘못을 바로잡아 가는 편이 훨씬 낫다. 그러니 기꺼이 가지치기를 요청하라. 가위를 들고 계신 분은 믿을 만한 분이시다. 그분은 분명한 그림을 염두에 두고 계신다. 그분의 가지치기는 믿어도 좋다.

가지치기에 관한 예수님의 가르침을 받아들이고 당신 삶을 향한 하나님의 그림을 믿는다면, 다음과 같은 기도로 실제 가지치기를 요청하는 연습을 해 보라.

오, 하나님,

제 삶에서 버려야 할 죽은 가지가 있습니까? 도움을 받아서 끊어내야 할 중독이 있습니까? 주님께 영광이 되지 않는 해로운 관계가 있습니까? 주님이 빛 가운데로 끌어내셔야 할 비밀스러운 뭔가가 있습니까? 하나님, 제가 머릿속에 들어오도록 방치하고 있는 악한 생각의 패턴이 있습니까? 제가 주님이 원하시는 성장에 방해가 되는 것들로 눈과 관심을 돌리고 있습니까?

하나님, 가지에 스며들어 주님과 온전히 연결되고 주님이 제 삶에서 원하시는 열매를 맺지 못하도록 방해하는 원망의 독이 있습니까? 제가 용서해야 할 사람, 은혜를 베풀어야 할 사람이 있습니까? 제가 눈감아 줘야 할 잘못이 있습니까? 제가 가라앉혀야 할 분노가 있습니까? 하나님, 제 삶에서 들리는 목소리들을 가지치기해야 합니까? 제가 그만 귀 기울여야 하는 목소리들을 밝혀 주옵소서.

하나님, 주님이 원하시는 열매를 맺지 못하도록 방해하는 두려움과 불안이 있습니까? 어떤 두려움과 불안을 주님 앞에 내려놓아야 합니까? 주님이 제 안에서 그리고 저를 통해 낳으시려는 더 좋은 것들을 위해 제 일정에서 가지치기해야 할 좋은 것들이 있습니까? 그렇다면 하나님, 두려움 때문에 그것들을 꼭 쥐고 있는 제 손을 풀어 주옵소서. 그래서 제가 주님이 원하시는 사람이 되게 해 주옵소서. 제 삶에서 무엇을 도려내야 합니까? 주님이 부르신 일을 하지 못하도록 제 발목을 잡고 있는 것은 무엇입니까? 하나님, 그런 이유로 제 삶 속에서 잘라 내야 하는 것은 무엇입니까?

하나님, 주님이 선한 농부이신 줄 믿습니다. 저를 위해 더 좋은 그림을 품고 계시니 그것을 위해 필요하다면 좋은 것일지라도 쳐 내 주옵소서. 주님의 가지치기를 거부하지 않고 믿음으로 요청하고 받아들이겠습니다. 주님의 가지치기에는 목적이 있는 줄 믿습니다. 그 가지치기를 통해 제가 주님이 염두에 두신 그림에 더 가까워지리라 믿습니다.

예수님의 이름으로 기도합니다. 아멘.

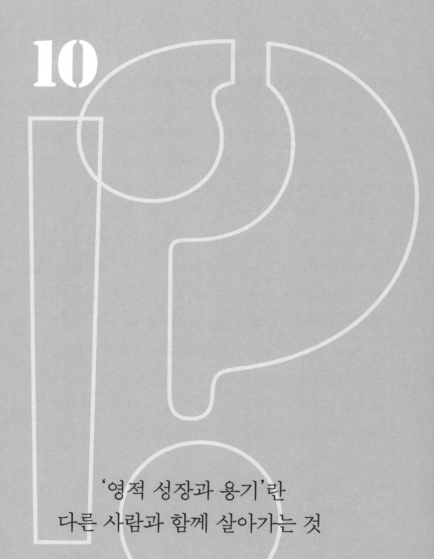

10

'영적 성장과 용기'란
다른 사람과 함께 살아가는 것

〔 서로 엮인 '가지' 공동체 〕

혼자서 할 수 없는 것들이 있다. 나아가, 혼자여서는 안 되는 것들이 있다. 마르코 폴로 게임을 예로 들어 보자. 눈을 감은 술래가 "마르코!"라고 외치면 다른 사람들은 다 "폴로!"라고 외친다. 그러면 술래는 청각을 통한 소리만 듣고 다른 사람들을 잡는다. 이 게임은 절대 혼자서 할 수 없다. 혼자 하려 들면 누군가가 게임에 참여해서 "폴로!"라고 말하기까지 며칠 밤낮을 기다리게 될지도 모른다.

대화는 어떤가? 혼자 대화가 가능한가? 정 원한다면 할 수는 있지만, 아마 친구들이 걱정스러운 눈빛으로 쳐다볼 것이다. 악수는 어떤가? 잠시 이 책을 내려놓고 자기 손을 마주 잡고 흔들어 보라. 아마 다들 미친 사람 취급할 것이다.

혼자서는 제대로 할 수 없는 것이 널렸다. 시소 타기, 등에 선크림을 바르기, 듀엣으로 노래 부르기, 야구…… 아, 어른 혼자 키즈 카페에 놀러 가지도 못한다. 포도나무에 붙어 있는 상태를 혼자서 유지할 수 없음은 말할 것도 없다.

'너희'는 가지다

예수님의 고별 설교에 등장하는 단어 하나하나를 눈여겨보면 예수님이 서로 함께하는 제자들의 모습을 그리면서 이 말씀을 하셨다는 사실을 발견할 수 있다. 우리의 방법이 통하지 않을 때 대개 우리는 사람들에게서 멀어져 고립되는 쪽을 선택한다. 하지만 예수님은 우리에게 포도나무에 붙어 있는 상태를 유지하기 위해 다른 가지들과도 엮여 있으라고 명령하신다.

요한복음 15장 5절에서 예수님이 포도나무 비유를 드시는 장면에서 사소해 보이지만 매우 중요한 점 하나를 놓치지 말아야 한다. "나는 포도나무요 너희는 가지라." 자, 발견했는가? 예수님은 "나는 포도나무요 너는 가지라"라고 말씀하시지 않았다. 예수님은 "**너희**는 가지라"라고 말씀하셨다. 복수형을 쓰셨다.

성경을 개인적으로 받아들이는 것도 좋지만, 때로 우리는 지나치게 개인주의적인 시각에서 성경을 읽는다. 하지만 여기서 예수님은 '단둘만을 위한 테이블'에 앉아 일대일 대화를 하고 계시지 않다. 예수님은 라커룸에서 팀 전체를 향해 말씀하시는 것이다. 제자들은 '함께' 그분을 따라야 한다.

격자 구조물을 따라 포도나무와 가지가 길게 뻗어 있는 포도원에 가 보면 가지들이 서로 한데 엮여 있는 것을 볼 수 있다. 가지들이 서로 꼬여서 묶인 것까지는 아니지만 이 가지 저 가지가 서로 엉겨 있다. 이 엉긴 가지들의 네트워크가 각각의 가지를 지탱해 준다. 어린 새 가지가 자랄 때 더 강하고 성숙한 가지들에 엮여서 그 가지들의 지탱을 받으며 열매를 맺기 시작한다. 반면, 포도나무에 연결되어 있어도 홀로 서 있는 가지는 힘을 받지 못해 얼마 안 있어 땅에 떨어지고야 만다.

우리는 가지의 삶에서 이 측면을 과소평가하는 경향이 있다. 서구 사회의 개인주의적 속성이 우리의 신앙생활에까지 침투할 수 있다. 네덜란드 사회 심리학자 헤이르트 호프스테드는 각 국가에 속한 개인들이 얼마나 그룹과 공동체를 이루고 살아가는지 측정하는 연구를 시행했다. 그 결과, 각 국가 시민들이 얼마나 개인주의적인지를 점수로 환산했다.[1]

미국은 몇 위를 기록했는지 궁금하지 않은가? 미국은 호프스테드 개인주의 척도에서 91점을 기록하여 세계에서 단연 가장 개인주의적인 국가로 등극했다. 전 세계적으로 이 정도의 개인주의는 흔치 않다. 호프스테드가 조사한 다른 65개 국가 중에서 55개 국가는 70점 아래를 기록했다. 평균 점수는 약 39점이었다.[2]

당신이 미국에서 살고 있다면 무엇이 문제인지 이해하지 못할 가능성이 높다. 사실, 우리는 개인주의를 자랑스럽게 여기는 경향이 있다. 우리는 다른 사람의 도움 없이 살아갈 수 있다고 자랑하며, 무엇을 해야 할지 모를 때는 항상 우리의 친구인 애플의 시리나 구글, 아마존의 알렉사에게 묻곤 한다. 지금보다 더 개인주의적인 시대는 이제껏 없었다. 그리고 지금보다 더 외로운 시대도 없었다.

가짜 연결 분별하기

개인주의 외에도 외로움을 가중시키는 요인은 피상적인 연결에 있다. 문화적으로 우리는 주로 휴대폰과 관련해서 '연결'이란 단어를 사용한다. 이런 정의의 관점에서 보면 우리는 전에 없이 연결된 시대를 살고 있다. "화장실 문자족의 부상"이란 제목의 〈뉴욕 타임스〉(New York Times) 기사에 따르면 스마트폰 사용자의 75퍼센트는 화장실에서도 휴대폰을 들고 있다. 18-28세 연령대에서는 그 수치가 91퍼센트로 올라간다. 다만 그들은 화장실에서 전화 통화는 잘 하지 않는다. 진짜 문제는 미국인의 거의 25퍼센트가 휴대폰 없이는 화장실에 가지 않는다고 답했다는 것이다.[3] 즉 미국인의 25퍼센트는 "나는 나 혼자서 화장실에 가지 않을 것이다. 그건 말도 안 된다"라고 생각하는 것이다. 우리가 문자 메시지와 SNS로 맺는 관계들은 피상적인 관계에 불과하다. 이런 관계는 우리 안에 있는 더 깊은 관계에 대한 갈망과 욕구만 자극할 뿐이다.

2008년 할 니에즈비에키는 〈뉴욕 타임스〉에 기고한 글에서 자신의 온라인 친구들에 관해 돌아보았다.[4] 그의 페이스북 친구는 700명이다. 그는 자신이 "어리석게도 인터넷 친구, 인맥, 지인, 심지어 내 채널을 구독하는 낯선 이들에 대해서도 자랑스럽게 여겼다"고 말했다. 하지만 그에게는 두 살배기 아이가 있었고, "일 중독자의 짜증"과 혼자 있는 시간을 좋아하는 그의 성향 때문에 그가 실제로 만나서 어울리는 친구는 예전보다 훨씬 줄어들었다.

한번은 그가 가상공간의 친구들을 직접 만나 즐거운 시간을 보내기로 했다. 그는 페이스북 친구 700명 모두에게 동네 바에서 만나자는 초대장을 보냈다. 친구들은 '참석', '참석 가능성 있음', '불참' 중 하나의 대답을 선택할 수 있었다. 그중 15명은 참석하겠다고 대답했고, 60명은 참석할 가능성이 있다고 대답했다. 이에 그는 20명쯤은 오지 않을까 예상했다.

그는 다음 상황에 관해 이렇게 썼다. "그날 저녁, 샤워를 하고 면도를 했다. 따끔거리는 남성 향수를 뿌리고 새 바지와 좋아하는 셔츠를 입었다. 잔뜩 기대하며 동네 바에 가서 친구들을 기다렸다. 기다리고 또 기다렸다. 마침내 한 사람이 나타났다."

그 사람이 누구였는지 아는가? 그가 전혀 모르는 사람이었다. 이야기를 나눠 보니 그 사람은 그의 페이스북 친구의 친구였다. 둘은 잠시 대화를 나누었고 그 사람은 이내 자리에서 일어섰다. 계속해서 자정까지 기다렸지만 결국 아무도 나타나지 않았다. 그는 맥주를 주문하고 혼자 앉아 있어야 했다. 그는 글을 이렇게 마무리했다. "700명의 친구가 있었지만 나는 혼자 술을 마셨다."

MIT 교수이자 《외로워지는 사람들》(Alone Together)의 저자인 셰리 터클은 지난 15년간 "접속된 삶"(plugged-in-lives)이 우리 삶을 어떻게 변화시켰는지 연구해 왔다. 터클은 전자 기기들 덕분에 우리는 항상 커뮤니케이션하게 되었지만 진정한 대화는 좀처럼 나누지 않는 세상이 탄생했다고 주장한다. 그녀는 SNS 활동을 조금씩 "홀짝이는" 것이라 표현했다. 우리는 실컷 마셨다고 생각하지만 실은 탈수 상태다. 그녀는 SNS가 관계의 부담이 없는 우정이라는 환상을 제공한다고 말한다.[5] 그녀는 SNS가 헌신의 부담이 없는 연결이라는 환상을 제공하며, 헌신 없는 연결은 우리를 전보다 심한 외로움으로 몰아가고 있다고 설명한다.

〈미국 예방 의학 저널〉(American Journal of Preventive Medicine)에 따르면, SNS에 가장 많은 시간(하루에 두 시간 이상)을 사용하는 사람들은 하루에 30분 이하를 사용하는 사람들에 비해 외로움을 느끼는 경우가 두 배로 많았다. SNS 플랫폼을 가장 자주(일주일에 58번 이상 방문) 방문하는 사람들은 일주일에 아홉 번 이하로 방문하는 사람들에 비해 외로움을 느끼는 경우가 세 배 이상 높았다.[6]

그렇다면 진정한 연결인지 피상적인 가짜 연결인지 어떻게 알 수 있을까? 피상적인 연결은 다음과 같은 증상을 보인다.

정보만 나눌 뿐 감정은 나누지 않는다. 이는 마음 놓고 속을 터놓는 관계가 아니다. 직업, 자녀, 스포츠 경기, 집 리모델링에 관한 정보는 나누지만 감정은 나누지 않는다. 다른 사람들의 문제점에 관한 정보를 나누지만 자신의 문제점은 털어놓지 않는다.

가정의 문제, 재정적인 문제, 자녀에 관한 답답함, 현재 씨름하고
있는 유혹, 큰 결정을 둘러싼 불안은 서로 이야기하지 않는다.

서로의 삶에 관한 사소한 내용은 알지 못한다. 아내 덕분에 이 진
리를 깨달을 수 있었다. 내가 한 친구 집에서 오후 시간을 보내
고 집에 돌아오면 아내가 그 친구의 아내에 관해 묻는다. 그러
면 나는 이렇게 대답한다. "그런 이야기는 하지 않아서 모르겠어
요." 그러면 아내는 이해할 수 없다는 표정을 짓는다. "오후 내내
함께 있고도 서로의 아내에 관해 묻지 않았다고요? 도대체 무슨
이야기를 했어요?" 그러면 나는 머리를 긁적이며 "별다른 이야기
는 하지 않고 그냥 있다 왔어요"라고 대답한다. 진정한 연결인지
는 사소한 부분에서 판가름 난다.

뭔가가 필요할 때만 연결된다. 휴대폰 벨이 울리기에 발신자
이름을 보자마자 그냥 안부 전화를 한 것이 아님을 알아챘다. 그
사람은 뭔가 질문할 것이 있거나 정보를 알아내기 위해 전화한
것이다. 이는 거래 관계다.

서로의 관계에서 개인적인 갈등을 겪고 나서 극복해 본 적이 없다.
관계 안에서 갈등을 경험하고 이겨 내기 전까지는 연결이 끈끈
해질 수 없다. 이것은 흔히 상대방과의 '혼돈의 터널'을 지나는
것으로 표현한다. 혼돈의 터널에서 우리는 서로에게 힘든 진실
을 이야기한다. 혼돈의 터널에서는 어떤 일이 발생할지 미리 알
수 없다. 거부나 상처, 말다툼을 경험할 수도 있다. 하지만 그 터

널을 통과하고 나오면 더 깊고 진정한 연결로 나아갈 수 있으니 모험할 만한 가치가 있다.

도움이 필요해도 전화를 걸지 않는다. 공항까지 태워다 줄 사람이 필요하거나 몸이 아파서 몇 가지를 챙겨 줄 손길이 필요하거나 새로운 습관을 기르도록 격려하고 질책해 줄 사람이 필요해도 이 사람에게는 절대 도움을 요청하지 않는다. 자신에게 가상의 친구와 진정한 친구가 얼마나 되는지 알고 싶다면 이사를 하게 돼서 도움이 필요하다는 글을 올리고 난 뒤 몇 명이나 찾아오는지 보라고 하는 글을 읽은 적이 있다. 다시 말해, 어려울 때 도와주는 친구가 누구인지를 보면 된다. 당신의 삶이 뜻대로 풀리지 않을 때 과연 누가 나타날까?

하나로 엮이다

이 땅에서 예수님이 원하시는 삶을 살려면 공동체는 선택 사항이 아니다. 요한복음 15장 12절에서 예수님은 포도나무와 가지에 관한 가르침을 주시면서 제자들에게 한 가지 분명한 명령을 내리셨다. "내 계명은 곧 내가 너희를 사랑한 것같이 너희도 서로 사랑하라 하는 이것이니라."

예수님은 서로를 향한 사랑이 충만한 관계 안에 살라고 명령하신다. 우리의 영혼에 그것이 필요한 줄 아시기 때문이다. 죄로 인해 사랑이 충만한 관계를 누리기가 매우 어렵다 해도 우리에게는 그런 관계가 반드시 필요하다. 홀로 살아가는 것이 얼마 동안은 편할 수 있다. 하지만 그 삶은 위험하며, 그런 상태로 평생 버티기는 힘들다. 아프리카에 이런 속담이 있다. "빨리 가려면 혼자 가고, 멀리 가려면 함께 가라."

처음부터 하나님은 우리가 다른 사람과 연결되도록 창조되었다는 점을 분명히 밝히셨다. 세상의 창조를 기록한 창세기 1장 26절에서 하나님은 이렇게 말씀하셨다. "우리의 형상을 따라 우리의 모양대로 우리가 사람을 만들고." 여기서 하나님은 누구에게 말씀하신 것인가?

요지는 하나님도 혼자가 아니셨다는 것이다. 하나님은 예수님과 성령께 말씀하고 계셨다. "**우리**의 형상을 따라 우리가 사람을 만들고." 하나님의 형상을 따라 지음받았다는 것은 공동체로 살도록 지음받았다는 것이다. 창조 기사에서 하나님은 여러 번 "좋았다"라고 선포하셨다. 그런데 창세기 2장에 이르러서 하나님은 창조하신 남자를 보며 이렇게 말씀하셨다. "사람이 혼자 사는 것이 좋지 아니하니"(18절). 인류의 설계자이신 하나님은 우리가 연결되어 살도록 창조하셨다. 하나님은 우리가 의미 있는 관계를 누리며 살도록 창조하셨다. 하나님은 완전한 독립과 자조의 삶을 보시며 "좋지 않다" 말씀하신다.

나 혼자서는 진정한 내가 될 수 없다

신약성경은 하나님이 생각하시는 선(善)을 이해하는 데 도움이 되는 한 가지 단어를 자주 사용한다. 그 단어는 포도나무에 연결된 가지로서 우리 서로가 어떻게 연결되어야 하는지를 보여 준다. 서로 얽히고설킨 가지로서 살아가는 것은 때로 복잡하고 번거로울 수 있다. 하지만 그것만이 의미 있는 삶의 길이다. 요한복음 15장에서 예수님은 제자들에게 가지가 되어 서로 사랑하라고 명령하신다. 신약성경의 나머지 부분에서 "서로"로 번역되는 헬라어 "알렐론"은 이 명령을 실제로 어떻게 실천할지를 보여 준다.

신약성경 곳곳에서 "알렐론"을 찾아 구체적인 용례들을 찾아보면 우리가 어떤 식으로 연결되어야 하는지에 관한 통찰을 얻을 수 있다. "알렐론"은 신약성경에서 무려 100번 가까이 사용되는데, 주로 관계에 관한 실천적인 원칙과 함께 등장한다. "서로 섬기라." "서로 용서하라." "서로 복종하라." "서로를 위해 기도하라." "서로 격려하라." "서로 위로하라." 이 모든 명령을 다루려면 새로 책을 내야 할 정도다. 여기서는 그중에서 가지가 되는 데 도움이 되는 두 가지 명령을 살펴보기로 하자.

서로 받아 주라

그리스도께서 우리를 받아 하나님께 영광을 돌리심과 같이
너희도 서로 받으라.

로마서 15장 7절

이 성경 구절은 다른 가지들과 포도나무에 함께 붙어 있는
삶을 추구할 때 좋은 출발점이 될 수 있다. 서로의 차이점을 받
아 주지 않고서는 공동체를 이룰 수 없기 때문이다. 같은 부류끼
리만 공동체를 이루는 이 시대에 우리는 나와 다른 부류의 사람
들을 거부해야 한다는 압박감을 점점 심하게 느끼는 중이다.

나는 우리 교회의 담임목사가 되면서 한 가지 분열을 다루
고 싶었다. 그 분열이 우리 교역자들의 연결과 공동체를 망가뜨
리고 있었기 때문이다. 그 분열의 원인은 정치나 종말론, 교회학
에 관한 의견 차이가 아니었다. 그보다 훨씬 심각한 문제였다.
그건 바로 두 종류의 커피 애호가들 사이에서 나타난 심각한 균
열이었다.

싸구려 커피를 몹시 좋아하는 부류가 있다. 나는 자판기 커
피 스타일이다. 나는 카페인이 조금 들어간 커피를 좋아한다. 굳
이 카페에서 비싼 돈 주고 시켜 먹고 싶지는 않다. 그냥 집에서
가정용 커피머신으로 마시는 캡슐 커피로 만족한다. 우리 교회

에 나와 같은 그룹이 있다.

하지만 우리와 다른 그룹도 있다. 이 그룹을 커피 엘리트주의자들이라고 부르자. 그들은 여러 지점을 둔 체인점 커피를 질색한다. 그들은 어느 이름 모를 열대우림 지역에서 자연적으로 자란 원두를 수입하는 작고 허름한 카페를 자주 방문한다. 그들은 원두를 직접 갈고 복잡한 푸어 오버(pour over) 방식을 할 줄 아는 사람들이다. 그들은 이 작업을 위해 대여섯 개의 장비를 갖추고 있는데 그중에 커피 메이커는 없다! 내가 볼 때 이들은 자기집 잔디밭을 바둑판 무늬로 깎는 그 흑마법사 같은 부류다.

담임목사로서 나는 이 두 커피 애호가 진영 사이에 다리를 놓아 우리 공동체를 연합시키고 싶었다. 이 둘을 하나로 엮을 때가 되었다. 그래서 내가 양보해서 상대편의 시각을 이해하려고 노력해 보기로 했다. 나는 상대 진영이 그렇게 열광하며 수시로 찾아가 예배하는 카페 중 한 곳의 주소를 알아냈다.

작은 카페에 걸어 들어가자마자 나와 맞지 않는 곳임을 단번에 알아차렸다. 일단 나는 이 커피 사교 모임을 위한 비니 모자와 아이팟을 장착하지 않고 있었다. 바리스타가 무엇을 주문할 거냐고 묻자 나는 내 친구의 말을 똑같이 흉내 내려고 노력했다. "엑스프레소로 할게요."

"에스프레소 말씀인가요?" 카운터 뒤쪽에 있던 남자가 물었다.

"아…… 제가 그렇게 말하지 않았나요?"

"손님은 엑스프레소라고 하셨습니다. 에스프레소를 원하시는 거죠?"

나는 당황하기 시작했다. 그래서 그냥 일반 커피로 바꿨다. 그러면 주문이 쉬워지리라 확신했다.

그런데 바리스타는 다른 질문으로 또다시 나를 당황스럽게 했다. "원산지는 어디 것으로 할까요?"

도무지 무슨 말인지 알 수 없었다. "세븐일레븐"이라고 말하고 싶었지만 그건 바른 대답이 아닌 게 확실했다. 그래서 그냥 이렇게 물었다. "뭘 추천하시나요?" 아주 약간의 프랑스 억양을 섞어 말했다.

그랬더니 바리스타는 페루 싱글 오리진 커피를 추천했다.

물론 나는 그것이 무슨 커피인지 몰랐다. 바리스타는 그 커피를 다시 한 번 추천했다. "페루의 흙 맛이 나서 마음에 드실 거예요."

커피에서 페루의 흙 맛이 나면 좋은 것인가? 실랑이에 지친 나는 그냥 그의 제안을 받아들였고, 통장에 있던 돈을 체크카드로 옮겨 커피 값을 계산했다. 한 모금 마셔 보니 그 카페만큼이나 쓰고 어두운 맛이 났다. 그래서 바리스타에게 크림과 설탕은 어디에 있냐고 물었다. 그때 그 질문이 동물보호 단체에 가서 송아지 요리를 잘하는 스테이크 전문점을 아냐고 묻는 것과 다름없다는 사실임을 그날 한 수 배웠다. 커피 숙맥들과 커피 귀족들 사이의 갈등은 여전하다.

어떤 상황인지 감이 좀 오는가? 물론 이 이야기는 사소한 사례지만 우리가 사는 세상에서 편 가르기는 매우 심각하다. 너무 심각해서 내가 이다지도 사소한 사례를 들어야 했을 정도다. 심각한 사례를 들면 그 문제에서 나와 시각이 다른 독자들이 이번 장의 요지에 초점을 맞추지 않고 분열과 대립의 태도에 빠질 수 있기 때문이다.

삶의 거의 모든 주제에서 서로 다른 진영이 존재한다. 사람마다 시각, 접근법, 꿈, 포부, 지지하는 후보, 약한 영역 등이 다다르다. 그리고 우리가 어느 편에 서든 모든 문제에서 다른 편을 반대하지 않고서는 배기기 힘든 세상이다. 하지만 참포도나무의 진정한 가지가 되면 모든 것이 달라진다. 가지가 되는 것은 서로가 서로의 의견에 전적으로 동의하지는 못하더라도 서로를 받아 준다는 뜻이다. 상대방의 모든 생각을 지지하지 않고서도 얼마든지 그 사람을 받아 줄 수 있다.

서로를 받아 주지 않는 것은 초대교회의 가장 큰 문제 중 하나였다. 1세기 그리스도인들은 서로 한데 어우러지는 법을 배워야 했다. 한 사례가 로마서에 기록되어 있다. 서로 다른 인종적·종교적 배경을 지닌 신자들 사이에서 분열이 나타났다. 로마 교회 신자 중 일부는 유대인이었다. 그들은 처음부터 한 분이신 참된 하나님만 섬겨 왔고, 그분의 명령에 순종하려고 노력했으며, 특정한 종교적 전통들을 지켜 왔다. 하지만 이제 유대인들은 예수님이 자신들의 유대 신앙을 완성하셨다는 사실을 깨닫게 되었다. 그래서 그들은 예수님을 오랫동안 기다리던 왕이요 메시아로 믿고서 그분의 가르침에 복종했다.

로마 교회의 또 다른 신자들은 이방인들이었다. 그들은 잡다한 신들과 함께 황제를 숭배하던 도시에서 자랐다. 이방인들은 거짓 신들에 대한 미신적인 신앙으로 온갖 악한 종교적 의식을 자행했다. 그러면서도 그들은 스스로를 완전히 미신적인 것은 아니고 아주 약간 미신적인 면이 있을 뿐이라고 생각했다. 하지만 이제 이 이방인들도 예수님에 관한 복음을 듣고서 자신들의 거짓 신을 버리고 한 분이신 참된 하나님을 섬기기로 결심했다.

그런데 유대인들은 자신들의 전통 중 일부를 고수하고, 이방인들도 자신들의 미신 중 일부를 고수하고 있었다. 이 얼마나 복잡한 상황인가. 두 진영 모두 교회에서 상대편을 빼 버리기를 원했다.

그래서 바울은 로마 교회에 편지를 써서 복음의 기본 메시지를 설명했다. 우리가 누구인지는 중요하지 않다. 우리 모두는 하나님의 은혜를 받을 자격이 없는 죄인에 불과하다. 하지만 하나님의 은혜는 우리가 지은 죄보다 크다. 그래서 하나님은 우리를 사랑하사 모든 사람이 예수님을 통해 구원받을 수 있도록 하섰다. 우리 모두는 가지로서 같은 포도나무에 연결되어 있으며, 이는 서로가 서로를 받아들여야 한다는 뜻이다.

하나님은 우리를 '복잡하게 얽혀 있지만 의미 있는' 공동체 안에서 살도록 부르셨다. 그런데 서로가 서로를 받아 주지 않으면 이런 공동체는 불가능하다. 생김새, 말, 생각, 예배 방식, 지지하는 정당, 옷차림, 자기 표현이 자신과 다른 신자들을 받아 주지 못하면 포도나무에 붙어 있는 동시에 다른 가지들과 엮인 삶을 경험할 수 없다. 기껏해야 공존하는 것에 머무를 수밖에 없다. 하지만 공존은 의미 있는 공동체의 값싼 대체물에 불과하다.

때로는 특정 문제에서 남들이 우리 의견과 달라서가 아니라 그들 '자체'가 문제여서 받아 주기 힘들 때가 있다. 그들은 다른 정도가 아니라 정말 이상하다. 내 생각에는 다른 가지들을 이상하게 여겨서 그저 홀로 포도나무에 붙어 있으려는 가지들이 많다고 본다. 여느 가정처럼 어느 공동체에나 좀 이상한 사람들, 피곤하게 구는 사람들이 있기 마련이다.

속으로는 다들 인정하는 사실을 말해 보겠다. 교회 안에도 이상한 사람들이 있다. 물론 다수가 그렇지는 않다. 1,000명이 다니는 교회에 한 5퍼센트쯤, 그러니까 50명 정도가 이상한 사람들일 것이다. 너무 많은 것처럼 느껴지는가? '우리 교회에서는 이상한 사람을 한 명도 보지 못했는데?' 이렇게 생각하는 독자가 있다면 이런 말을 해서 좀 그렇지만…… 바로 '당신'이 그 이상한 사람일 가능성이 있다! 여하튼 이 사람들 대부분은 그리스도인이 되기 전에도 이상한 사람들이었다. 예전에는 이 사람들을 덜 이상해지도록 도우려고 했지만 언제부턴가 그들의 이상함을 있는 그대로 받아들이게 되었다. 그렇게 하는 것이 가족이기 때문이다.

서로 짐을 져 주라

갈라디아서 6장 2절은 이렇게 말한다. "너희가 짐을 서로 지라 그리하여 그리스도의 법을 성취하라." 수년 전, 목사인 친구의 자녀가 오랜 암 투병 끝에 세상을 떠났다. 그리고 최근 나는 그 친구와 함께 목회자 콘퍼런스에 참여하게 되었다. 우리는 콘퍼런스 등록 테이블에 나란히 앉아 있었다. 그때 다른 목사가 지나가다가 우리 쪽으로 걸어 왔다. 나는 그 목사를 만난 적이 없었지만 누구인지는 알고 있던 터였다.

내가 친구에게 말했다. "저 목사님이 이리로 오고 계신 것 같아. 개인적으로 아는 분이니?"

친구는 고개를 저었다.

가까이 다가오던 그 목사의 얼굴에서 강한 감정이 담긴 표정을 엿볼 수 있었다. 그 순간, 나와 함께 앉아 있던 친구는 어떤 상황인지 알아차린 것 같았다. 친구가 벌떡 일어나 그 목사를 부둥켜안자 그 목사는 울음을 터뜨렸다. 그렇게 두 사람은 한참을

안고 울었다. 잠시 뒤 그 목사는 자신을 소개하면서 최근 자신의
딸이 암 진단을 받았다고 말했다. 그가 떠난 뒤 나는 친구에게
물었다. "그런 일이 있는 줄 어떻게 알았어?"

친구는 자식을 암으로 잃은 뒤 같은 비극을 겪는 사람들을
알아보고 그들에게 깊은 연민을 느끼게 되었다고 설명했다.

우리가 혼자서는 충분히 강하지 못하다는 사실을 깨달으면
그때 새 힘을 얻고 열매를 맺게 된다. 우리는 도움이 필요하다.
우리는 서로를 필요로 한다.

특정 무게 한도를 초과하는 소포가 배달되면 대개 박스 표
면에 그림이 표시되어 있다. 두 사람이 함께 상자를 나르는 그림
이 붙어 있으면 혼자서 들기에는 너무 무겁다는 뜻이다. 자, 당
신은 이 그림을 '경고'로 보는가? "혼자서 들려고 시도하지 마시
오." 아니면 '도전'으로 보는가? "이 박스를 나르기 위해서는 보통
사람 두 명이 필요합니다. 당신은 한낱 보통 사람에 지나지 않습
니까?"

하나님은 영적 성숙과 용기란 다른 사람들과 함께 살아가는
것을 의미한다는 사실을 내게 가르쳐 주셨고 지금도 계속해서
가르쳐 주고 계신다. 영적 성숙과 용기는 우리가 진 짐을 기꺼
이 다른 사람들과 나누는 것이다. 나는 이것을 어렵게 깨달았다.
내 방법이 통하지 않을 때, 내 힘으로 감당하기 힘들 만큼 크고
무거운 뭔가를 다룰 때, 나는 나 자신을 낮춰서 도움을 요청하지

못했다.

이번 장을 쓰면서, 하나님이 내게 다른 사람들이 필요하다는 사실을 내내 가르쳐 오셨음을 다시 한 번 깨닫게 되었다. 그래서 최근 몇 년 사이에 내 짐을 함께 져 준 사람들에게 감사의 편지를 쓰기로 결심했다. 각 편지 끝마다 서명을 하고서 갈라디아서 5장 2절이라고 적었다. 성경 구절 내용은 적지 않고 장과 절만 표기했다.

나는 갈라디아서 5장 2절이 "너희가 짐을 서로 지라 그리하여 그리스도의 법을 성취하라"인 줄 알았다. 하지만 이 편지들을 보내고 나서 한 주쯤 지나서야 내가 성경 구절을 잘못 적었다는 것을 알았다. 내가 생각한 구절은 갈라디아서 5장 2절이 아닌 6장 2절이었다. 5장 2절은 이렇다. "보라 나 바울은 너희에게 말하노니 너희가 만일 할례를 받으면 그리스도께서 너희에게 아무 유익이 없으리라." 그렇게 구절을 잘못 표기했지만 아무도 그 점을 언급하지 않은 것으로 보아 모두 그 구절을 찾아보지 않은 것이 분명하다.

갈라디아서 6장 2절은 우리에게는 서로가 필요하고, 하나님이 우리 서로를 위해 우리를 창조하셨음을 상기시켜 준다. 우리의 방법이 통하지 않으면 그렇지 않아도 버거운 인생 짐의 무게가 더해진 것처럼 느껴진다. 혼자서는 감당하지 못할 만큼.

코로나19 팬데믹이 한창 기승을 부릴 때는 모든 결정이 잘

못된 것처럼 보였다. 우리가 무슨 결정을 내리든, 무슨 말을 하든 하지 않든 사람들은 무조건 화를 냈다. 하루는 약간 의기소침해져서 귀가하자 아내가 말했다. "같은 문제로 힘들어하는 담임목회 하는 친구들에게 전화라도 해 봐요." 아내는 제안처럼 말했지만 사실상 이 말은 명령이나 다름없었다.

나는 우리 집에서 한 시간쯤 떨어진 교회의 담임목사인 어릴 적 친구 존 위스에게 문자 메시지를 보냈다. "오늘 정말 힘든 날이야. 힘든 일이 꼬리에 꼬리를 무는 날. 잠깐 이야기 좀 나눌 수 있어?" 이런 메시지 하나 보내는 것이 무슨 대단한 일이냐고 말할지 모르지만 내게는 보통 일이 아니다. 앞서 말했듯이 나는 약한 모습을 보이며 징징거리는 것을 지독히 싫어한다. 따라서 이렇게 도움을 요청하는 것 자체가 내게는 굴욕이었다.

한 시간쯤 뒤 전화벨이 울렸다. 휴대폰 화면을 보니 위스였다. 나는 전화를 받아 "여보세요"라고 말했다. 그러자 수화기 반대편에서 무슨 일인지 다 안다는 듯한 웃음소리가 들렸다. 나도 따라 웃기 시작했다. 그렇게 우리 둘은 아무 말없이 전화기에 대고 한참을 웃었다. 우리는 상대방이 무슨 일을 겪고 있는지 잘 알고 있었다. 우리는 함께 기도하고 전화를 끊었다. 아내가 도움이 되었냐길래 나는 아주 큰 도움이 되었다고 대답했다. 그러자 아내는 무슨 이야기를 나누었냐고 물었다. 내 대답은 간단했다. "아무 말도 안 했어요."

친구가 무슨 말을 해 봐야 내 상황은 바뀌지 않는다는 것을 알기에 전화를 걸고 싶지 않았다. 내 방법은 통하지 않고 있었고 친구의 방법도 통하지 않고 있었다. 마지못해서 한 전화였지만 우리는 우리가 혼자가 아니며 예수님 안에 소망이 있다는 사실을 함께 상기할 수 있었다.

갈라디아서 6장 2절에서 "짐"에 해당하는 헬라어 단어 "바로스"는 '초과 중량'으로 번역할 수 있다. 다른 사람에게 짐을 함께 져 달라고 요청하는 것이 창피할 수 있고, 다른 사람들의 짐을 함께 져 주는 것 또한 쉽지 않다. 하지만 그런 식으로 살지 않으면 그리스도의 법을 성취할 수 없다.

우리는 연결되기 위해 창조되었다. 예수님과의 연결만이 아니라, 사람들과 서로 연결되어 살도록 창조되었다. 이를 유진 피터슨은 이렇게 표현했다. "나 혼자서는 나 자신이 될 수 없다."[7] 우리가 다른 사람들과 연결되어 살기 전까지 우리의 삶은 하나님이 의도하신 대로 이루어지지 않는다.

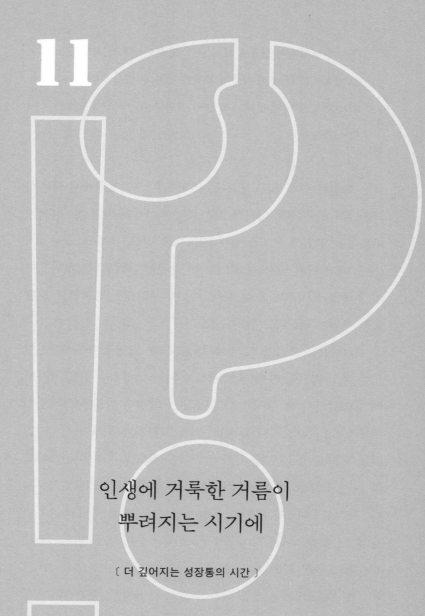

11

인생에 거룩한 거름이
뿌려지는 시기에

〔 더 깊어지는 성장통의 시간 〕

우리가 영원한 반석을 전보다 더 굳게 부여잡도록 시험의 파도가 그 반석보다 더 높이 치솟아 우리를 휩쓸 수 있다. 그렇게 다시 죄가 더한 곳에 은혜가 더욱 넘칠 것이다.

찰스 스펄전

"영원한 반석"(Rock of ages; 만세반석)은 구약성경에서 사용된 하나님의 이름이다. 이사야 26장 4절은 이렇게 말한다. "너희는 여호와를 영원히 신뢰하라[여호와께 너희 자신을 맡기라, 그분을 의지하라, 그분께 소망을 두라] 주 여호와는 **영원한 반석**이심이로다." 이 성경 구절은 여호와 우리 하나님이 힘과 안전의 강하고도 변함 없는 근원이 되신다고 말한다.

스펄전은 우리가 이 땅에서 경험하는 고난을 이해할 수 있도록 파도 비유를 사용한다. 때로 우리는 인생의 시련을 극복해서 살아남아야 할 상황으로만 여긴다. 하지만 성경은 하나님이 고통스러운 경험을 사용하여 우리를 그분과 강하게 연결시키기 때문에 파도 곧 시련을 기꺼이 받아들이라고 가르친다. 하나님은 시련을 통해 생명으로 이어지는 새로운 길을 찾게 도와주신다. 고린도후서 7장 10절은 이렇게 말한다. "때로 하나님은 우리 삶 속의 슬픔을 사용하여 우리가 죄에서 돌아서서 영생을 추구하도록 도우신다"(TLB).

이 파도 비유를 처음 사용한 찰스 스펄전은 1850년대에 활동한 설교자다. 그는 사역하는 내내 일주일에 평균 열세 번씩 설교했다고 전해진다. 그의 설교집은 거의 40여 개 언어로 번역되어 5,600만 부가 인쇄되었다.[1] 그는 분명 지대한 영향력을 발휘했지만 말할 수 없는 고난을 겪기도 했다. 거의 평생토록 우울증에 시달려야 했다. 우울증이 한 달, 아니 1년을 넘기면 몸과 마음이 얼마나 쇠약해지는지 겪어 본 사람은 알 것이다.

혹시 당신도 스펄전처럼 우울증을 달고 살아왔는가? 스펄전의 아내는 결혼하고 나서 약 25년간이나 병상에 누워 있었다. 스펄전은 미국 노예 제도에 반대하는 목소리를 높였다가 핍박받았다. 1세기 신앙의 종들처럼 진리를 담대하게 전하던 그는 주변 사람들 삶에도 그대로 적용한 탓에 강한 반대에 부딪쳤다.

스펄전은 자신이 겪은 고난의 파도에 관해 다음과 같이 말했다.

나는 헤엄쳐야 할 물속으로 던져졌다. 나를 붙들어 주시는
하나님의 손이 아니었다면 그 물속에서 익사하고 말았을 것이다.
나는 사방에서 환난을 겪었다. 정신적인 우울증 이후에는 극심한
육체적 고통이 찾아왔다. 그 와중에 내게 생명처럼 귀한 사람(그의
아내 수잔나)의 고통과 죽음을 지켜봐야 했다. 물은 계속해서
넘실거리며 파도를 일으켰다. 내가 이 말을 하는 것은 동정심을
사기 위해서가 아니라, 내가 마른 땅만 밟은 뱃사람이 아니라는

점을 독자들에게 보여 주기 위해서다. 나는 태평양이 아닌 이런 대양을 여러 번 횡단했다. 그래서 큰 물결과 광풍을 누구보다도 잘 안다. 그런 순간에 여호와의 약속들이 내게 그 어느 때보다도 귀했다. 그 고난 중에는 지금까지도 이해할 수 없는 고난들이 있다.[2]

이 글을 쓸 당시 스펄전의 나이는 53세였다. 그는 사실상 이렇게 말하고 있다. "나는 이 세상의 파도를 경험했다. 그 파도는 만세반석 위에서 나를 덮쳤다. 그러나 나는 오히려 그 파도가 감사하다. 파도가 나를 덮치지 않았다면 하나님의 능력과 임재를 이토록 확실하게 경험할 수 없었을 테니까 말이다."

이생에서의 고난은 우리를 예수님에게서 멀어지게 만들 수도, 오히려 그분께로 더 가까이 이끌 수도 있다. 스펄전이 경험한 것과 같은 영적 성장은 파도라는 고난에 기꺼이 입을 맞출 때만 가능하다. 당신이 나와 같다면 당신의 방법이 통하지 않아 고통과 고난을 경험할 때 나오는 본능적인 반응은 물속에서 빠져나오려는 몸부림일 것이다. 하지만 그 힘든 시간 속에서만 경험할 수 있는 하나님과의 친밀함이 있으며 그때 비로소 열매를 맺을 수 있게 된다면?

인생 급류를 맞을 준비

지금까지 우리는 고별 설교(예수님이 가장 가까운 제자들에게 마지막으로 하신 말씀)의 중간에 있는 요한복음 15장을 살펴보았다. 예수님은 제자들이 이 세상에서 겪을 난관과 고난을 미리부터 준비시키고 계셨다. 풍랑과 파도가 휘몰아치기 시작할 때 그들에게 가장 필요한 것은 예수님과 친밀한 상태를 유지하는 것이었다.

고별 설교는 하나의 약속으로 시작되고 마무리된다. 사실 약속보다는 경고처럼 들리는 그 약속은 다가올 파도에 관한 약속이다. 요한복음 14장 1절에서 예수님은 이렇게 말씀하신다. "너희는 마음에 근심하지 말라."

하지만 이런 생각이 든다. '고작 이게 다인가? 마음에 근심하지 말라고? 그게 말처럼 쉬운가?'

내가 마음에 근심하고 싶다는 말은 아니다. 나도 온갖 일로 고민하며 밤잠을 설치고 싶지 않다. 하지만 그러면 어떻게? 어떻게 근심하지 않을 수 있단 말인가?

대부분의 사람은 상황에 초점을 맞춘다. 하지만 중요한 것은 연결이다. 우리는 유아 풀이나 잔잔한 강에서만 마음에 근심이 없을 거라 생각한다. 우리는 예수님께 이렇게 말한다. "좋습니다. 제가 마음에 근심하지 않기를 바라신다면 제 상황을 바꿔 주옵소서. 제 문제를 해결해 주옵소서. 만사형통을 약속해 주옵소서!"

중국의 한 워터파크에서 파도 풀이 고장났다는 뉴스를 본 적 있는가? 그 사고로 44명이 부상을 입었다. 평소에는 잔잔한 파도만 기분 좋게 치던 파도 풀에서 사람들은 곧 닥칠 일을 전혀 모른 채 한가로운 오후를 즐기고 있었다. 그런데 어느 순간 갑자기 거대한 파도가 밀려와 많은 사람이 뼈가 부러지는 부상을 당했다. 사고 원인에 관해서는 의견이 갈렸다. 워터파크 측은 장비 고장을 원인으로 발표했지만 만취한 직원이 재미 삼아 파도 생성기 다이얼을 끝까지 돌렸다는 소문이 파다하게 퍼졌다. 어떤 경우든 관리자는 상황에 대한 통제력을 잃었고 그로 인해 많은 사람이 다쳤다.[3]

이 사건은 2019년에 일어났다. 아이러니하게도 그 다음 해에 누군가가 세상의 파도 생성기 다이얼을 끝까지 돌린 것만 같은 상황이 펼쳐졌다. 파도는 점점 더 크고 잦아졌다. 상황이 어떻게 흘러가는지 아무도 모르는 것 같았다. 하나님이 세상에 대한 통제력을 잃으셨거나 파도 생성기 다이얼을 관리하는 천사가 제대로 교육받지 못한 것처럼 보였다.

중국에서 벌어진 이 워터파크 사건이 특히 위험한 것은 전혀 뜻밖이었기 때문이다. 사람들은 그런 일이 벌어질지 전혀 예상하지 못했다. 그래서 그 일이 벌어질 때 무방비 상태였다. 사람들은 순식간에 공포에 사로잡혔다. 물에서 빠져나오려고 안간힘을 쓰는 사람이며, 사람이든 물건이든 손에 잡히는 대로 붙잡으려 발버둥 치는 이들도 있었다. 예수님은 제자들이 이렇게 속수무책 당하기를 원치 않으셨다. 그래서 그들이 고난당할 것을 분명히 말씀하셨다. 요한복음 14장에서 시작된 고별 설교는 16장에서 다음 말씀으로 마무리된다. "세상에서는 너희가 환난을 당하나"(33절).

여기서 "환난"이란 단어는 큰 고통의 의미를 내포한다. 예수님은 단순한 불편함이나 답답함에 해당하는 단어를 사용하실 수도 있었다. 하지만 그러지 않으셨다. 이 단어는 깊은 고통, 치열한 사투, 견디기 힘들 만큼 실망스러운 일을 표현할 때 사용되는 단어다. 예수님은 제자들에게 이런 환난이 올 줄 예상하라는 말씀으로 설교를 시작하고 마무리하셨다. 예수님은 제자들이 환난을 전혀 예상치 못하고 있다가 환난을 맞으면 환멸에 빠질 줄 아셨다. 그리고 환멸은 대개 예수님과의 단절로 이어지는 경우가 많다.

오래전 아내와 함께 캘리포니아주에서 급류 타기를 체험한 적이 있다. 나는 뗏목 위에서 친구들과 웃고 떠들며 아름다운 경관을 감상하겠거니 예상했다. 강에 도착하자 가이드는 우리를 해변에 일렬로 세워서는 우리가 곧 마주할 상황에 대비할 수 있도록 필요한 사항을 전달했다. 먼저 그는 주의 사항을 귀담아듣지 않은 사람들에 관한 끔찍한 이야기를 들려주며 우리의 시선을 끌었다. 우리는 곧 만날 3급 급류와 4급 급류에 관한 그의 실감나는 표현에 귀를 기울였다. 그는 우리가 서로를 도울 수 있도록 옆 사람이 강에 빠지면 어떻게 해야 할지를 설명했다.

마침내 뗏목에 올라탄 우리 부부와 친구들은 잔잔한 강을 따라 떠내려가기 시작했다. 우리는 급류가 나타나면 해야 할 행동을 거듭 연습했다. "뒤로 노를 저으세요", "앞으로 노를 저으세요", "좌측으로 후진하세요", "우측으로 후진하세요", "안으로 몸을 기울이세요" 같은 가이드의 명령을 귀담아듣고 이를 따르는 연습을 반복했다. "안으로 몸을 기울이세요"라는 명령이 지금도 똑똑히 기억난다. 장애물을 만나거나 급강하를 하거나 거대한 파도를 맞게 되면 가이드는 "안으로 몸을 기울이세요"라고 소리쳤다. 그러면 모두 배의 중앙 쪽으로 몸을 기울여 안전선을 꽉 잡고서 절대 놓지 말아야 했다. 급류를 마주치는 것은 기정사실이었고, 가이드는 우리가 급류를 맞을 준비를 단단히 하기를 원했다.

바로 이것이 예수님이 제자들을 위해서 하신 일이었다. 예수님은 환난이 올 것이니 놀라지 말라고 경고하셨다. 거대한 파도가 덮치면 포기하지 말고 끝까지 버티라. 무슨 일이 벌어져도 그분과 연결되어 있으라. 그분께 붙어 있으라.

환난 예상하기, 환난 속에서 기대하기

예수님의 제자로서 우리는 받아들이기 힘든 현실을 마주한다. 예수님의 제자가 되는 것은 망가진 세상과 악한 육신의 정욕에서 벗어나 회복된 삶으로 나아가는 첫 번째이자 가장 중요한 단계다. 문제는 우리가 완전한 회복을 경험하기 전까지 문제 많은 세상 속에서 충성스럽게 인내로 기다려야 한다는 것이다. 그리스도인의 삶의 대부분은 잘 기다리는 법을 배우는 시간이다. 기다리다 보면 삶의 파도가 올지도 모른다는 것이 아니라, 반드시 온다.

내가 어릴 적에 친척이나 가까운 지인이 슬프고 애달픈 일을 당해 불행을 경험하면 아버지는 으레 나와 형제들에게 이렇게 말씀하셨다. "자, 우리 차례가 오고 있구나." 이런 말은 꼬마들로 하여금 악몽을 꾸게 할 수 있는 가장 확실한 방법이다. 분명 기분 좋은 소리는 아니지만 받아들여야 할 엄연한 현실이다. 아버지는 우리가 언젠가 닥칠 인생의 파도를 준비하기를 원하셨다. 그래서 그런 날이 올 것이라는 사실을 늘 기억하게 하셨다. "우리 차례가 오고 있구나."

바로 이것이 예수님이 요한복음 16장에서 하고 계신 일이다. 예수님은 우리가 충격받지 않도록 미리 알려 주신다. "자, 너는 나를 따르고 있지만 편한 삶을 기대하지 말라. 인생의 파도가 꼬리에 꼬리를 물 것이다." 하지만 예수님은 우리가 파도 속에서 단순히 살아남기만을 원하시지 않는다. 예수님은 우리가 자라기를 원하신다. 그분께 붙어 있으면 반드시 열매를 맺을 것이다. 환난을 예상하는 데 그치지 말고, 환난 속에서 기대감을 품으라.

요한복음 16장에서 예수님은 환난이 올 것을 경고하고 그분과 연결되어 있으라고 명령하신 이유를 설명해 주신다. 그분은 1절에서 이렇게 말씀하신다. "내가 이것을 너희에게 이름은 너희로 실족하지 않게 하려 함이니." 이는 사실상 이런 뜻이다. "너희에게 이런 말을 하는 것은 너희를 낙심시키거나 겁을 주려는 것이 아니다. 너희를 불안하고 의기소침하게 만들려는 것이 아니다. 너희에게 이런 말을 하는 것은 너희가 실족하지 않기를 진실로 원해서다."

2절에서 예수님은 다가올 파도에 관해 좀 더 구체적으로 말씀하신다. "사람들이 너희를 출교할 뿐 아니라." 우리는 어쩌면 우리가 가장 존경받고 싶은 곳에서 쫓겨날 것이다. 어린 시절을 함께 보낸 친구들이 우리를 외면할 것이다. 회사에서 인정받고 싶지만 인정은커녕 무시당할 것이다. 예수님은 다가올 일을 분명히 경고하신다. 하지만 이 경고의 밑바탕에는 '좋은 일이 일어날 것이다'라는 약속이 있음을 절대 잊지 말라. 공격이나 부당한 대우를 받을 때 이 사실을 기억하라.

지난달 라케드라 에드워즈라는 여성이 편의점 자판기에서 복권을 사다가 낯선 남자와 부딪친 뒤에 벌어진 일이 연일 화제였다. 남자는 미안하다는 사과 한마디 없이 부리나케 나가 버렸다. 원래 40달러치 복권 몇 장을 사려 했던 그녀는 그 남자와 부딪히는 바람에 버튼을 잘못 눌러 30달러짜리 복권 한 장만 사게 되었다. 에드워즈는 그 남자에게 화가 잔뜩 났지만 이미 엎질러진 물이라 어쩔 수 없었다. 차에 탄 그녀는 카드로 복권을 긁었다. 무려 1,000만 달러 당첨이었다.[4]

인생이 이와 같을 때가 많다. 누군가가 우리를 반대하거나 부당하게 대하면 화가 나서 똑같이 갚아 주고만 싶다. 하지만 우리가 모르는 게 너무도 많다. 우리는 하나님이 그 상황을 어떻게 선하게 사용하실지 알지 못한다. 우리가 마땅한 대우를 받지 못했다고 해서 절망할 필요는 없다. 오히려 그 상황을 우리에게 유익한 방향으로 이끌어 가는 하나님의 은혜를 의지해야 한다. 라케드라 에드워즈의 경우처럼 시련이 곧바로 좋은 것으로 이어지지 못한다 해도 좋은 것이 반드시 찾아온다.

예수님은 계속해서 이렇게 말씀하신다. "때가 이르면 무릇 너희를 죽이는 자가 생각하기를 이것이 하나님을 섬기는 일이라 하리라"(요 16:2). 제자들은 이런 생각을 했을지 모른다. '잠깐, 방금 너희를 죽이는 자라고 하신 게 맞나? 설마 우리 중 몇 명은 죽을 거라는 말씀인가?' 뒤이어 4절에서 예수님은 이렇게 말씀하신다. "너희에게 이 말을 한 것은 너희로 그때를 당하면 내가 너희에게 말한 이것을 기억나게 하려 함이요."

정리하자면 이런 말씀이다. "너희에게 이런 말을 하는 것은 너희가 실족하지 않게 하기 위해서다. 이런 때가 오면 내가 이에 관해 경고했던 것을 기억하게 될 것이다. 그때 서로를 보며 이렇게 말하게 될 것이다. '이런 일이 일어날 줄 알았어. 삶이 기대했던 대로 안 될 때 예수님이 어떻게 하라고 하셨는지 다들 기억하지? 그분과 연결되어 있으라고 말씀하셨잖아.'"

때로 사람들이 예수님에게서 단절되는 것은 눈앞의 파도가 하나님의 잘못일 뿐 아니라, 그것이 하나님이 내게 아무 관심도 없다는 증거라고 생각하기 때문이다. 예전에 내 휴대폰에는 틱톡(TikTok) 앱이 깔려 있었다(자랑삼아 말하는 것은 아니다. 내가 이번 장을 쓰는 동안에 그 앱을 삭제할 가능성이 크다. 그래서 과거형으로 썼다). 문화에 뒤떨어지지 말아야 한다는 핑계를 대긴 했지만 사실은 너무 재미있어서 틱톡을 즐겨 봤다.

한번은 알고리즘으로 아이들이 우스꽝스럽게 당하는 동영상이 내 틱톡 화면에 떴다. #kidsgettinghurt라는 해시 태그가 붙은 동영상들은 총 2억 뷰 이상을 기록했다. 어떤 이유에서인지 이런 동영상은 큰 인기를 끌고 있다. 누가 이런 동영상을 좋아하는지 정말 이해할 수 없다. 전혀 매력 없어 보인다. 남의 고통을 보고 웃는 것이 참으로 씁쓸하다. 하지만…… 솔직히 말하면…… 너무 웃기고 재미있다. 그래서 나도 모르게 자꾸만 이런 동영상을 보게 된다.

나로서는 아이들이 미끄럼틀에서 넘어져 커다란 웅덩이에 빠지거나 거대한 요가 볼에 깔리는 장면을 보며 웃기가 쉽다. 나는 그 아이들을 모르기 때문이다. 그 아이들을 돕기 위해 내가 할 수 있는 일은 없다. 나는 그 아이들과 연결되어 있지 않다. 그리고 그 아이들이 크게 다쳤다면 그 부모가 동영상을 올렸을 리가 없다. 그래서 나는 멀리 떨어진 곳에서 그 아이들의 일시적인 불운을 즐긴다. 그런데 많은 사람이 하나님을 이런 식으로 생각하는 듯하다. 하나님이 저 멀리 하늘 위에서 틱톡을 클릭하면서 우리의 고통을 보면서 즐거워하신다고 말이다.

시편 34편 18절은 하나님의 성품을 밝히 보여 준다. "여호와는 마음이 상한 자를 가까이하시고 충심으로 통회하는 자를 구원하시는도다." 우리의 삶 속에 고통이 있다는 것이 하나님이 계시지 않다는 증거가 아니라는 사실을 기억해야 한다. 고통이 있는 곳에서는 오히려 하나님이 우리와 더 가까이 계신다. 하나님은 우리가 그분과 더 깊이 연결되도록 (때로) 생명의 거대한 파도를 일게 하신다. 고난 속에서 우리는 하나님의 임재를 전에 없이 더 분명하게 발견하고 그분과 더 깊고 온전하게 연결된다.

그분 안에서 기다리는 일

이 부분을 요한복음 15장의 지배적 메타포인 '포도나무와 가지'에 다시 연결시켜 보자. 농사에서 거름은 건강과 성장을 촉진시키는 효과적인 비료다. 거름은 기분 좋은 냄새를 풍기지는 않지만 더 많은 열매를 수확하기 위해 사용된다.

인생에서 거름이 뿌려지는 순간이 찾아오면 우리의 본능은 최대한 빠르고도 고통 없이 그 순간을 지나려고 할 것이다. 예수님은 제자들에게 끝까지 그분 안에 거하라고 누누이 말씀하셨지만, 거름에 둘러싸여 있을 때 우리가 가장 하기 싫어하는 일은 성장을 위해 그분 안에서 마냥 기다리는 것이다.

좋은 열매를 맺는 건강한 가지가 되려면 거름이 충분히 땅에 스며들어 제 기능을 할 때까지 기다릴 줄 알아야 한다. 농부이신 하나님이 성장을 촉진시키기 위해 당장은 불편한 뭔가를 허락하신 것이라는 사실을 믿어야 한다. 거름 앞에서 조급해하는 사람은 나만이 아닐 것이다. 힘든 일이 일어나면 나는 최대한 빨리 그 상황을 해결하기를 바란다. 그런 면에서 나는 '퍼덕이는 새'다. 적어도 내 상담심리사는 그렇게 말했다.

새들은 세 가지 방식으로 나는 것처럼 보인다. 한 가지 방식은 활공하는 것이다. 활공하는 새들은 날개를 퍼덕인 뒤에 날개를 움직이지 않고 난다. 하지만 오래지 않아 다시 날개를 퍼덕여야 한다. 그런가 하면 '솟구치는 새'도 있다. 하늘로 솟구치며 날아오를 수 있는 새는 그리 많지 않지만 독수리가 그 한 예다. 독수리는 강력한 날개를 쫙 펴고서 땅 위를 스치고 지나가는 따스

한 바람을 탄다. 3천 미터 넘는 높이까지 날아오르는 독수리는 미친 듯이 날개를 퍼덕이며 날지 않는다. 마지막으로, '퍼덕이는 새'가 있다. 이 새들은 최대한 빨리 날개를 퍼덕여서 중력을 거스른다. 어떤 새들은 1초에 100번까지 날개를 퍼덕인다.

삶이 뜻대로 되지 않아 내 삶의 계기판에서 낙심, 분노, 불안, 심지어 피로의 경고등까지 깜박일 때 내 본능적 행동은 미친 듯이 퍼덕이는 것이다. 하지만 그런 순간이야말로 하나님과의 연결을 단단하게 할 수 있는 기회가 된다. 이사야 선지자는 이렇게 말한다. "오직 여호와를 앙망하는 자는 새 힘을 얻으리니 독수리가 날개 치며 올라감 같을 것이요"(사 40:31).

요한복음 16장 끝에서 예수님은 고난이 올 거라고 예언하신다. 그리고 요한복음 18장에서 바로 그 고난이 온다. 그 사이에 있는 17장은 성자 예수님과 성부 하나님 사이의 매우 친밀한 장면을 묘사한다. 예수님은 열두 제자들…… 나아가, 오늘날의 제자들을 위해 기도로 마음을 쏟아 내신다. 15-17절에서 예수님이 아버지께 하신 요청은 이 세상의 파도를 바라보는 우리의 시각을 바꾸는 데 도움이 된다. "내가 비옵는 것은 그들을 세상에서 데려가시기를 위함이 아니요 다만 악에 빠지지 않게 보전하시기를 위함이니이다 내가 세상에 속하지 아니함같이 그들도 세상에 속하지 아니하였사옵나이다 그들을 진리로 거룩하게 하옵소서 아버지의 말씀은 진리니이다."

예수님은 '그분의 제자들에게 고난 없는 삶을 달라고' 아버지께 요청하시지 않았다. 그분은 제자들과 함께 그들의 일가친척과 가족까지 다 들어서 편안하게 살 수 있는 열대의 낙원 같은 섬으로 순간 이동시켜 달라고 요청하시지 않았다. 대신 그분은 그들이 원수의 궤계로부터 보호를 받고 진리로 거룩해지기를 기도하셨다.

거룩해지는 것은 무엇보다도 예수님을 더욱 닮아 가는 것이다. 우리 영혼에서 부패한 부분들이 떨어져 나가고 하나님이 우리 안에 길러 주기 원하시는 그리스도를 닮은 성품이 더해지는 것이다. 야고보서에 나오는 첫 번째 명령은 여러 시련을 만나도 하나님이 그 시련을 통해 우리를 성숙하게 해 주시니 기뻐하라는 것이다(약 1:2-4). 당시의 예수님의 제자들, 그리고 오늘날 우리에게 주시는 예수님의 메시지는 바로 이것이다. 어떤 고난이 닥쳐도 성부 하나님이 우리 삶 속에 좋은 열매를 맺어 주실 줄 믿고 참포도나무이신 예수님께 단단히 꼭 붙어 있으라.

나는 어느 책에서 읽은 유익한 심리학적 실험을 자주 언급한다. 존 오트버그는 다음과 같은 실험을 제안한다.

당신에게 자녀가 있는데 자녀의 전체 삶을 기록한 원고를
받는다고 해 보자. 그뿐만 아니라 지우개와 함께 원하는 부분은
뭐든 지울 수 있는 5분의 시간을 받는다고 해 보자. …… 자녀의

인생에 관한 이 원고와 그것을 편집할 수 있는 5분의 시간이 주어진다면 무엇을 지우겠는가? 이것이 심리학자 조너선 하이트가 이 가상 실험에서 던진 질문이다. 자녀에게 고통을 안겨 줄 만한 것을 모두 빼 버리고 싶지 않겠는가?[5]

한번 실험해 보자. 당신이 자녀의 인생 이야기가 담긴 원고를 읽고 있다고 해 보자. 읽다 보니 당신 딸이 초등학교에 들어가서 학습 장애로 남들은 쉽게 얻는 성적을 거두지 못한다는 사실을 알게 된다. 아, 지워 버리리라!

조금 더 읽어 보니 딸이 고등학교에서 농구부에 들어가길 원한다. 하지만 딸의 반에는 재능이 남다른 선수들이 가득해서 딸은 결국 최종 탈락한다. 나라면 이 부분을 지워 버릴 테다!

딸은 대학에 가서 남자 친구를 사귄다. 하지만 그 녀석이 처음부터 마음에 들지 않는다. 아무리 봐도 로맨스 영화에 나오는 빌런처럼 생겼다. 역시나 녀석은 바람을 피워 내 딸의 마음을 갈가리 찢어 놓는다. 딸은 결국 2년이나 지속되는 기나긴 우울증의 늪에 빠진다. 나라면 빛의 속도보다 더 빨리 그 가슴 아픈 부분을 지워 버릴 것이다!

딸은 대학을 졸업해서 원하던 분야에 취직한다. 딸은 삶의 목적을 꽤 회복해 가는 중이다. 딸이 당신에게 전화해서 곧 승진할 것 같다고 말한다. 그런데 일주일 뒤 다시 딸에게 전화가 왔

는데 이번에는 펑펑 운다. 승진은커녕 해고를 당했단다. 당신은
이 장면도 지우고 싶을 것이다. 그렇지 않은가?

　우리와 주변 사람들의 삶에서 어려운 순간들을 지우고 싶은
것이 우리의 자연스런 본능이다. 그것이 우리와 그들을 보호하
는 것이라고 생각하기 때문이다. 하지만 가지치기야말로 진정한
보호일 수 있다면? 고통스러운 순간 속에서 이루어지는 가지치
기가 우리 눈에 보이지 않는 방식으로 우리를 보호해 주는 것이
라면? 가지치기를 통해 나중에 꼭 필요한 뭔가가 우리 안에서 탄
생한다면?

　내 좁은 소견으로는 하나님이 딸에게 인내와 결단력을 심어
주기 위해 사용하신 학습 장애를 지워 버리고 싶다. 아버지로서
나는 딸이 농구부에 들어가지 못한 일을 지워 버리고 싶다. 하지
만 하나님이 그 실망스러운 일을 통해 내 딸이 그분 안에서 정체
성과 자기 가치를 찾도록 이끄실 거라면? 아버지인 나는 가슴 아
픈 연애와 실직을 딸의 인생에서 지워 버리고 싶다. 하지만 하나
님은 그런 일을 통해 그분의 놀라운 공급하심과 돌보심을 딸아
이에게 보여 주실 것이다.

　이런 상실과 난관을 모조리 없애서 딸을 거친 파도에서 건
져 내고 냄새 나는 거름 더미에서도 빼내고 싶다. 하지만 그렇게
되면 우리 딸은 하나님이 바라시는 수준의 연결과 인격 성장을
놓치고 말 것이다.

이런 가상 실험은 별로 부담스럽지 않을지도 모른다. 하지만 마지막 장으로 넘어가기 전에 더 어려운 실험을 해 보기를 권한다. 잠시 시간을 내서라도 당신 삶 속의 파도들을 되돌아보라. 그 파도는 과거에 있을 수도, 현재 당신을 세차게 때리고 있을 수도 있다. 실제 삶에서 마주쳤던 힘든 순간에 당신이 어떻게 반응했는지를 돌아보라. 내가 오랫동안 목회를 하면서 보니 파도는 꼭 "영원한 반석" 위에서만 사람들을 쓸고 지나가지 않는다. 때로 파도는 사람들을 저 바다까지 쓸어 간다. 당신은 어떤 파도를 경험하고 있는가? 하나님은 당신과 더 깊이 연결되고 당신을 성장시키기 위해 그 파도를 어떻게 사용하길 원하실까?

12

예수 피로 접붙여
날마다 자라 가며

〔 생명이 하는 일 〕

요즘 '정보 과부하'라는 말이 자주 들린다. 오늘날 우리는 인류 역사상 그 어느 때보다도 많은 정보를 쉽게 얻을 수 있다. 정보량이 오늘날만큼 많은 시대, 아니 오늘날과 비슷한 그 어떤 시대도 없었다. 이 글을 쓰는 지금, 미국인들은 매일 SNS와 인터넷을 통해 평균적으로 약 54,000개 단어와 443분의 동영상에 노출된다.

° 매일 1,000만 쪽짜리 책을 쓰고도 남을 만한 트윗이 새로 생성된다.
° 45세 이하는 평균적으로 매일 85건 이상의 문자 메시지를 주고받는다.
° 1분마다 유튜브에 500시간 이상 분량의 동영상이 업로드된다.
° 매년 구글에서 2조 건 이상의 검색이 이루어진다.[1]

정말 놀라운 사실이 있다. 이 시대를 사는 우리는 태초부터 2003년까지 생산된 정보 총량에 해당하는 정보를 2일마다 새롭게 만들어 내고 있다. 우리는 유례없이 많은 정보에 쉽게 접속이 가능하고, 남들도 우리에 관해 전에 없이 많은 정보를 얻고 있다. 스마트폰 사용자들은 매일 평균 3.5개의 푸시 알람을 받고 있다. 그리고 그 알람 하나하나는 정말 시급한 정보라고 우리를 재촉한다.[2]

이 모든 정보의 과부하는 '정보 피로 증후군'(information fatigue syndrome, IFS)이라고 하는 증상으로 이어졌다. 정보 피로 증후군은 수많은 부작용을 낳았는데 그중 특히 두 가지를 눈여겨봐야 한다.

1. 외부 정보가 많을수록 내적 성찰은 줄어든다. 외부 정보를 많이 받아들일수록 내적 성찰을 위한 시간과 공간이 줄어든다. 예를 들어, 한 가지 질문에 관해 생각해 보자. 좀 개인적인 질문이기 때문에 큰 소리로 답할 필요는 없다. "당신의 현재 모습이 마음에 드는가?" 이 질문에 관해 마지막으로 진지하게 돌아본 적은 언제인가? "당신의 현재 모습과 나아가고 있는 방향이 마음에 드는가?" 우리 '주변'에서 벌어지는 일과의 연결에 몰두하다 보니 정작 우리 '안에서' 벌어지는 일과 연결될 틈이 없다.

2. 중요한 것을 우선시하기가 점점 더 어려워진다. 정보가 끊임없이 유입되고 그 모든 정보가 항상 시급하게 느껴지면 모든 것이 중요해 보인다. '모든 것'이 중요하면 결국 '아무것도' 중요하지 않은 셈이다. 정보의 우선순위를 판단하지 못하게 되면 양극단 중 한 가지 감정에 빠진다. 즉 삶이 너무 버겁게 느껴져서 스트레스를 받거나 무관심과 우울증에 빠진다.

정보 과부화의 문화 속에서 때로 우리는 우리에게 필요한 건 '더 많은 정보'라고 착각하곤 한다. 우리의 방법이 통하지 않을 때면 무조건 인터넷에서 해결 방안을 검색한다. 우리가 모르는 새로운 정보가 있을지 모른다고 생각한다. 문제 해결에 도움이 되는 새로운 팟캐스트가 있을지 모른다고 생각한다. 우리는 다른 열매를 기대하며 '정보 포도나무'에 연결되려고 한다. 거기서 우리에게 필요한 도움을 얻을 수 있을 것이라고 기대한다. 하지만 그것은 착각이다.

수많은 가짜 포도나무

모든 인간에게는 연결과 생산 욕구가 있다. 본능적으로 우리는 연결되는 느낌, 서로를 아는 느낌을 원한다. 본능적으로 우리는 남들에게 내세울 수 있는 뭔가를 생산하고 싶어 한다. 어릴 적부터 우리는 우리 자신을 용납하고 우리에게 목적을 가져다줄 만한 가지를 찾곤 한다. 그리고 그런 가지에 접붙여지기를 원한다.

예수님은 요한복음 15장에서 제자들에게 포도나무와 가지 비유를 소개하실 때 1절에서 그 비유를 이렇게 시작하신다. "나는 참포도나무요." 여기서 "참"이라는 단어는 '진짜'라는 뜻이다. 참이 아닌 가짜 포도나무들이 존재한다는 말이기도 하다. 가짜 포도나무는 생산과 성장에 필요한 영양소의 공급을 약속하지만 그 약속을 지키지 못한다.

'정보 포도나무'는 가짜 포도나무의 한 예일 뿐이다. 인기 있는 또 다른 가짜 포도나무에는 '정치 포도나무'가 있다. 세상의 모습에 좌절하고 분노한 사람들은 상황이 달라지기를 절실하게 원한다. 그래서 그들은 정치적 접근법이 더 나은 열매를 맺으리라 생각한다. 하지만 예수님이 가져오신 나라가 민주주의적 나라가 아닌 이유가 있다. 그분은 대통령 선거에 출마하지 않으셨다. 그분은 제자들을 국회의원으로 만들지 않으셨다. 하지만 당시에도 그것이 대부분의 사람들이 그분에게 바랐던 방법이었다. 그들은 그분을 왕으로 삼기 원했다. 하지만 정치 포도나무는 통하지 않는다. 이 가짜 포도나무는 권력으로 변화를 낳고 다른 종류의 열매를 맺을 수 있다고 약속한다. 물론 정보처럼 정치 또한 중요한 영역이고 반드시 우리 삶에 필요하다. 하지만 그것은 '참 포도나무'는 아니다.

인기 있는 또 다른 가짜 포도나무는 '로맨스 포도나무'다. 우리는 특별한 사람, 영혼의 짝, 짝사랑하는 사람, 죽을 때까지 함께 갈 사람과 연결된다. 그러면서 무의식적으로, 심지어 의식적으로 이렇게 생각한다. '이 사람이야말로 내게 진정한 힘의 근원이야. 내 인생 내내 이 사람이 빠져 있었던 거야. 이 사람이 내 모든 필요를 채워 줄 거야.' 그래서 연애 상대의 눈을 쳐다보며 말한다. "당신은 내 삶의 의미이자 영감을 주는 존재예요!" 자신이 시카고(Chicago) 밴드 노래의 가사를 읊고 있다는 것을 깨닫기도 전에 영화 〈제리 맥과이어〉(Jerry Maguire)의 대사가 저절로 나온다. "당신은 나를 완성시켜요."

배우자를 포도나무로 삼을 수 있다. 하지만 배우자에게 그런 부담감을 주기 시작하면 점차 사이가 갈라진다. 거절당했다고 느끼기 시작한다. 포도나무로 삼은 사람에게서 버림받은 것만큼 가슴이 찢어지는 슬픔도 없다. 배우자를 포도나무로 삼아 그와 연결되는 것은 사실상 상대에게 이렇게 말하는 것이다. "내게 예수님이 되어 줘요. 오직 성령님만 하실 수 있는 것을 내게 해 줘요." 이것은 지나친 요구다. 결국 배우자는 분노할 것이다. 어느 배우자도 포도나무 역할을 감당해 낼 수 없다.

또 다른 흔한 가짜 포도나무는 '나 포도나무'다. 갖가지 가짜 포도나무와 연결되려고 시도한 뒤 우리는 나 자신에게 절실히 필요한 힘과 영양분을 제공해 줄 사람이 아무도 없다는 사실을 깨닫는다. 그래서 이제 자기만을 믿기로 결심한다. 그때부터 자조와 개인적인 성장에 집착하기 시작한다. 운동과 영양 섭취, 자기 관리에 힘을 쏟는다. 물론 이것들 역시 좋은 것들이다. 하지만 자신에게 소망을 두면 반드시 실망하게 되어 있다.

이외에도 알고 있어야 할 가짜 포도나무가 매우 많다. 성공이나 부, 여흥, 쾌락, 심지어 종교라는 가짜 포도나무에 연결되고자 해 봤는가? 이 모두는 마침내 진정한 만족을 가져다줄 열매를 약속하지만, 그것은 예수님이 요한복음 15장에서 말씀하신 영원한 열매가 아니다.

가짜 포도나무에 관해 꼭 알아야 할 사실이 있다. 가짜 포도나무가 맺는 열매는 가짜일 수밖에 없다는 사실이다.

누군가의 집에 방문했다가 주방에서 먹음직스런 과일처럼 보이는 것을 본 적이 있는가? 집어서 막 한 입 베어 먹으려다가 무게와 질감에서 진짜가 아님을 알아챈다. 겉만 봐서는 진짜처럼 보인다. 실제로 입맛을 다시게 할 만큼 진짜와 너무나 똑 닮았다. 하지만 아무리 그래 보여도 가짜는 가짜다. 가짜는 진짜가 약속한 것을 제공하지 못한다.

가짜 열매는 '진짜 기쁨'을 가져다주리라 약속하지만 '일시적인 쾌락'만 가져올 뿐이다. 가짜 열매는 '진짜 목적'을 가져다주리라 약속하지만 '일시적인 방해'만 가져올 뿐이다. 가짜 열매는 '진짜 평안'을 가져다주리라 약속하지만 '잠깐의 기분 전환'만 가져올 뿐이다. 그 후에는 대개 깊은 공허함이 찾아온다. 가짜 열매는 '진짜 성공'을 가져다주리라 약속하지만 '피상적인 성공'과 '곧 사라질 찬사'만 가져올 뿐이다.

가짜 포도나무와 연결되면 가짜 열매만 맺힐 뿐이다.

허망함만 남는 막대기 인생

내 사무실 구석에는 길이가 1미터쯤 되는 막대기 하나가 놓여 있다. 우리 집 뒤쪽에 자리한 땅에서 발견한 막대기다. 이 막대기가 왜 거기 있는지에 대한 사연은 나도 모른다. 이 막대기가 한때 어떤 종류의 나무에 붙어 있었는지도 모르겠다. 다만 이 나무가 지닌 사연에는 폭풍이 들어 있지 않았을까 추측만 할 뿐이다. 폭풍이 몰아치면 순식간에 나뭇가지를 한낱 막대기 신세로 전락시키곤 하니까 말이다.

이 막대기에는 플라스틱 모형 과일이 달려 있다. 내가 철사로 이 막대기에 가짜 과일을 달아 놓았다. 멀리서 언뜻 보면 벽에 붙어 있는 이 막대기가 건강한 열매를 맺은 가지처럼 보인다. 하지만 가까이 다가가서 자세히 뜯어 보면 가짜임을 단번에 알아차릴 수 있다. 나는 내가 때때로 삶의 어떤 유혹을 받는지 기억하기 위해 이 막대기를 사무실에 두었다. 나는 참포도나무에 연결된 가지의 삶을 추구하지 않고 가짜 열매를 매단 막대기의 삶에 만족할 때가 많다. 멀리서는 아무도 이런 나를 눈치채지 못하는 듯하다. 너무 가까이 다가오도록 허용하지만 않으면 아무렇지 않게 지낼 수 있다. 하지만 이 모든 것이 가짜다. 멀리서는 그럴듯해 보여도 아무 가치가 없다.

얼마 전에 이런 삶을 잘 담아낸 표현을 들은 적이 있다. "그램을 위해 하라." 이 표현을 들어 본 적은 없어도 무슨 뜻인지 짐작할 수 있으리라. 이는 오로지 '인스타그램'에 사진과 글을 올릴 목적으로만 뭔가를 한다는 뜻이다. 부부가 데이트를 나간다고 해 보자. 깊은 갈등을 겪고 있는 두 사람은 서로 단절된 채 홀로 인 듯한 기분이지만, 그 순간에도 인스타그램에 올릴 거리가 없나 하고 끊임없이 다정한 포즈를 취하고 사진을 찍는다. 그 사진은 진짜가 아닌 사람들에게 보여 주고 싶은 가짜 모습일 뿐이다. 예수님은 "그램을 위해 하라" 같은 방식으로 그분을 따르려는 삶의 태도를 경고하신다. 그분은 신앙생활을 하는 척만 하지 말라고 가르치신다. 마태복음 23장에서 그분은 다른 사람들에게 보이기 위해서 신앙생활을 할 뿐 마음은 그분에게서 한참 멀어져 있는 종교 지도자들을 꾸짖으신다.

요한복음 15장 6절에서 예수님은 이렇게 말씀하신다. "사람이 내 안에 거하지 아니하면 가지처럼 밖에 버려져 마르나니 사람들이 그것을 모아다가 불에 던져 사르느니라." 여기서 헬라어 단어가 "가지"로 번역되었지만 포도나무에 붙어 있지 않은 가지를 실제로 뭐라고 부르는가? 바로 '막대기'다. 우리는 막대기로 무엇을 하는가? 모아서 땔감으로 불에 던진다. 혹은 톱밥 제조기에 던져 넣는다. 어떤 경우든 해피엔딩이 아니다.

2020년에 내가 가장 재미있게 읽은 뉴스 기사 중 하나의 제목은 이렇다. "캘리포니아주. 2년간 물을 준 식물이 가짜라는 것을 알고 충격에 빠진 엄마"[3](내 알고리즘은 나를 너무 잘 안다. 당연히 나는 그 기사를 클릭했다). 카엘리 윌크스에 관한 기사 중 다음과 같은 인용문이 있었다. "나는 이 식물이 정말 자랑스러웠다. 색깔이 진하고 더없이 아름다웠다. 전반적으로 완벽한 식물이었다. …… 물을 주는 나만의 방식이 있었다. 그래서 다른 사람이 내 다육식물에 물을 주려고 하면 하지 말라고 부탁했다. 내 식물을 잘 돌보고 싶었기 때문이다. 나는 내 다육식물을 끔찍이 사랑했다."

그렇다면 윌크스는 진실을 어떻게 알게 되었을까? 어느 날 그 다육식물을 더 큰 화분으로 옮겨 심다가 그 식물이 플라스틱 모형이라는 사실을 발견했다. 윌크스는 계속해서 이렇게 말했다. "그토록 사랑을 쏟아부었건만! 나는 이파리를 항상 깨끗하게 닦아 주었고, 가장 예쁜 모습으로 가꾸기 위해 최선을 다했다. 그런데, 글쎄, 완벽한 플라스틱 식물이었다. 어떻게 내가 이 사실을 몰랐을까!"

많은 질문이 떠오른다. 가장 먼저, 윌크스는 이 이야기를 왜 다른 사람에게 했을까? 내가 만약 플라스틱 모형 식물에 2년간 물을 준 일에 관해 기자가 물으면 나는 "노코멘트" 혹은 "헛소문"이라고 대답할 것이다. 궁금한 내 두 번째 질문은 이것이다. 윌크스는 어떻게 진실을 모를 수 있었을까? 플라스틱 식물에 물을 주면 그 물은 어디로 갈까? 이미 알지 모르겠지만 다육식물은 아주 소량의 물만 필요로 한다. 윌크스는 많은 물을 주지 않았고, 남은 물은 단순히 흡수되지 않은 물이라고 생각했다. 그 일이 있고 난 뒤 그녀는 그 모형 식물을 진짜 다육식물로 대체했다. 가짜 식물은 바로 내다 버렸다.

가짜 식물을 진짜라고 생각하면서 수년간 정성껏 돌본다고 생각해 보라. 이 얼마나 어리석은 짓인가. 진짜를 낳지 못하는 뭔가에 수년간 시간과 에너지를 공들여 쏟아붓는다고 생각해 보라.

'진짜 열매'를 맺으려면

가짜 포도나무에서 열매를 맺으려고 하면 진짜 열매를 맺을 수 없을뿐더러 정반대 결과를 낳기 십상이다.

내가 성령의 열매 가운데 내 삶 속에서 길러야 할 열매 네 가지를 선택한다고 해 보자(갈 5:22-23). 이를테면 희락, 화평, 오래 참음, 양선의 열매를 기르는 데 집중하기로 한다. 예수님은 이런 열매가 성령께 연결될 때 나타난다고 분명히 말씀하신다. 하지만 내가 이 열매를 나 스스로 맺으려 갖은 애를 써서 노력한다고 해 보자. 그러면 다음과 같은 상황이 벌어진다.

  ° 포도나무에 붙어 있지 않은 채 내 삶 속에서 '희락'의 열매를 맺으려고 노력하면 노력할수록 그 열매는 점점 더 멀어지기 때문에 결국 낙심하고 슬퍼질 수밖에 없다. 이것을 '행복 패러독스'라고도 부른다. 행복 자체를 추구하면 점점 더

자기중심적이 되고 행복은 점점 더 멀어진다.

° 포도나무와의 연결에서 흘러나오는 평온함이 아니라 내 힘으로 '화평'을 낳으려고 하면 결국 스트레스만 받는다. 전혀 평안하지 않은데 자신에게 평안해야 한다고 계속해서 말하는 것은 보통 피곤한 일이 아니다. 이는 잠이 안 오는데 침대에 누워서 잠을 자려고 애쓰는 것과 비슷하다. 노력하면 할수록 긴장을 풀기가 더 어려워진다.

° 나 스스로 '오래 참음'의 열매를 맺으려고 하면 더 이상 진전이 나타나지 않아 얼마 못 가 화를 내게 된다. 단순히 내 상황에만 화가 나는 것이 아니라, 화를 내는 나 자신에게 화가 나기 시작한다.

° 포도나무에 붙어 있지 않은 채로 '양선'의 열매를 맺으려고 하면 기껏해야 추악한 자기 의라는 썩은 열매만 맺힐 뿐이다.

첫째 딸아이가 유치원에 다닐 때 가장 친한 친구의 이름은 제나 로비였다. 자동차 뒷좌석에서 두 아이가 깔깔거리며 노는 모습을 룸미러로 훔쳐 보던 기억이 난다. 그때로부터 16년 뒤 내가 그 아이의 장례식을 집례할 줄은 꿈에도 생각지 못했다. 로비는 6년 반 동안 놀라운 용기와 믿음으로 암과 힘겨운 사투를 벌였다.

당시 암은 로비에게서 정말 많은 것을 앗아 갔다. 로비는 잘

들을 수 없었고 시각을 잃었으며 대부분의 시간을 휠체어에 앉아서 보내야 했다. 안면 마비로 발음도 또렷하지 않았다. 로비가 겪는 고난은 '거름'이란 말 정도로는 한참 부족했다. 암은 로비에게서 많은 능력을 앗아 갔다. 하지만 로비의 삶이 맺은 열매가 얼마나 많고 아름다운지를 생각하면 놀랍기 그지없다. 로비는 파도가 끊임없이 밀려오는 와중에도 그리스도와 단단히 연결되어 그분 안에 거하는 삶이 무엇인지를 우리 모두에게 똑똑히 보여 주었다.

장례식을 집례할 때마다 나는 고인을 가장 잘 알던 친구나 가족들과 함께 앉아 묻곤 한다. "고인을 생각하면 무엇이 떠오르나요?" 때로는 장내가 조용해진다. 다들 무슨 말을 해야 할지 몰라 어색한 미소를 짓는다. 때로는 몹시 슬픈 대답이 돌아오기도 한다. 한번은 스물여섯의 아들을 떠나보낸 엄마가 아들을 생각하면 모자 수집 취미가 떠오른다고 대답했다. 한 나이 지긋한 과부는 남편 하면 자동차 수집이 떠오른다고 말했다.

로비의 가족과 친구들에게 "로비를 생각하면 무엇이 떠오르나요?"라고 물었을 때 실로 놀라운 대답이 돌아왔다. 로비는 스포츠 분야에서 이렇다 할 기록도 갖고 있지 않았다. 내세울 만한 직함도, 박사 학위도 없었다. 나는 사람들이 로비의 삶에 관해 하는 말을 적기 시작했다.

직업이 목사인 로비의 삼촌은 이렇게 말했다. "그 아이는 내

기도 생활을 바꿔 놓았습니다."

로비의 이모는 이렇게 말했다. "그 아이 덕분에 불평하지 않고 감사하는 법을 배웠어요."

로비의 사촌 동생은 이렇게 말했다. "제게 진짜 믿음이 무엇인지를 가르쳐 주었어요."

마지막으로 나 자신에게 물었다. "너는 로비의 삶을 설명하기 위해 어떤 단어들을 사용할 거니?"

다음은 내가 노트에 기록한 내용이다.

° 화평. 로비는 오랫동안 암과 싸우느라 병원을 드나들며 온갖 고통과 실망스러운 일을 겪었지만 늘 평안했다.

° 자비. 로비는 자신의 처지를 한탄하고 자신을 먼저 생각해도 전혀 이상할 게 없는 상황이었다. 하지만 로비는 다른 사람을 먼저 생각하는 사람이었다. 로비는 항상 다른 사람들에게 기도문과 격려의 편지를 보냈다.

° 충성. 기도가 원하는 대로 응답되지 않았는데도 로비는 끝까지 하나님께 등을 돌리지 않았다. 로비는 충성을 다했고, 하나님의 신실하심을 끝까지 증언했다.

° 사랑. 로비는 다른 사람들을 사랑하는 사람이었다. 로비는 그날 내가 만난 친구와 가족들만 아니라, 수년간 자신을 돌봐 준 10여 명의 의사와 간호사들을 진심으로 사랑해 주었다.

° 희락. 이것은 가장 먼저, 그리고 가장 많이 언급된 단어였다. 6년 반의 고통스러운 세월 내내 로비는 기뻐하는 모습을 보여 주었다. 1년 전에 내 팟캐스트에 로비를 게스트로 초대했던 때가 기억난다. 로비가 자신의 이야기를 나누는 동안 나는 청취자들이 그 상황이 얼마나 힘든지를 이해할 수 있도록 로비에게서 불평의 말을 이끌어 내려고 했다. 하지만 로비는 한마디의 불평도 하지 않았다. 내가 "로비, 꽃다운 청소년 나이에 머리카락이 다 빠졌을 때 어땠어요? 정말 힘들었을 것 같은데요"라고 말하자 놀라운 대답이 돌아왔다. "네, 힘들기는 했죠. 하지만 저는 모자 쓰는 걸 너무 좋아해요."

그날 밤 노트를 꺼내 내가 쓴 단어들을 보다가 온몸에 소름이 돋았다. 쓸 당시에는 전혀 느끼지 못했지만 익숙한 단어들이 눈에 들어왔다. 당신은 이미 눈치챘을지도 모르겠다. 나는 성경에 기록된 순서대로 그 단어들에 동그라미를 치기 시작했다.

사랑, 희락, 화평, 자비, 충성.

로비를 가장 잘 아는 사람들은 자신도 모르게 갈라디아서 5장에 나온 성령의 열매 목록에 있는 단어들을 사용했다. 로비는 끝까지 예수님께 붙어 있었다. 이 세상 냄새가 진동하는 거름 속에서 사는 동안 이런 열매가 열린 것이 과연 우연일까?

예수 십자가, 연결을 위한 단 하나의 길

나는 요한복음 15장에 기록된 포도나무와 가지 비유를 분석하면서 한 원예사를 찾아갔다. 덕분에 그 비유에서 영적 원리를 찾아내는 데 큰 도움이 되었다. 그때 나는 '접붙이기'라는 과정에 관해 배우게 되었다. 그 과정은 농부가 잘려진 가지를 나무나 식물에 붙이는 기술을 요구한다. 이 기술은 하나님이 예수님을 통해 우리를 위해서 해 주신 일에 관한 좋은 비유가 될 수 있다.

우리의 힘으로 의미 있고 지속되는 열매를 맺으려 하는 것은 '카엘리 윌크스 방식'이다. 우리가 아무리 노력하고 바삐 움직여도 실제로는 아무 일도 일어나지 않는다. 진정한 연결이나 생산은 이루어지지 않는다. 그것은 마치 막대기를 집어 구석에 던져 놓고서 열매가 달리기를 기대하는 것이나 다름없다. 막대기에 물을 주고 충분히 햇빛을 쐬게 해 주어도 아무 일도 일어나지 않는다. 아무것도 자라지 않는다.

막대기가 열매를 맺을 수 있는 유일한 길은 농부가 그 막대기를 살아 있는 포도나무에 접붙여 주는 것이다.

우리의 방법이 통하지 않을 때 우리가 할 수 있는 가장 중요한 일은 포도나무와 연결되는 데 집중하는 것이다. 이것이 이 책의 기본 전제다. 우리의 방법이 통하지 않아 낙심이나 피로, 분노, 불안이 밀려오거든 다시 그분의 가지가 되라. 접붙이기는 언제라도 다시 연결이 가능하다는 점을 보여 준다.

농부는 잘린 가지를 포도나무에 연결하기 전에 막대기에 붙어 있는 잔가지와 순, 잎사귀 같은 불필요한 것을 전부 제거한다. 막대기 하나만 딱 남기고 나서 매우 특별한 기술을 사용하여 그 막대기를 포도나무에 연결시킨다. 먼저 포도나무에 홈을 판다. 막대기가 다시 연결될 수 있도록 포도나무에 상처를 낸다. 이 기술을 뭐라고 부르는지 아는가?

피 흘리기(bleeding; 일비현상).

농부는 파여서 수액이 쏟아져 나오는 포도나무 홈에 막대기를 접붙여서 연결시킨다. 포도나무는 문자 그대로 피를 흘림으로써 한낱 막대기가 진짜 가지가 될 길을 마련해 준다. 시간이 지나 포도나무에 가득한 영양분이 죽은 막대기였던 그 가지로 흡수되어 다시금 열매를 맺게 한다.

혹시 아직도 눈치채지 못한 독자들을 위해서 설명하면, 예수님은 죽은 막대기가 산 가지가 되어 좋은 열매를 맺을 수 있도록 못 박혀 찢기고 피 흘리셨다. 참포도나무이신 예수님은 베어져 아무 쓸모도 없어 보이는 막대기, 다시 가지가 될 희망이 전혀 보이지 않는 막대기를 위해 구원의 길을 마련해 주셨다. 예수님의 십자가 죽음은 진정한 연결을 완성하는 단 하나의 길이다.

요한복음 16장에서 예수님은 제자들에게 이렇게 경고하면서 고별 설교를 마무리하신다. "세상에서는 너희가 환난을 당하나"(33절). 하지만 이 구절(혹은 이 이야기)은 아직 끝이 아니다. 예수님은 우리가 연결된 상태를 유지할 수 있도록 이 경고에 이어서 영원한 약속을 주신다. "담대하라 내가 세상을 이기었노라."

어떤 일이 일어나도, 심지어 모든 일이 뜻대로 되지 않아도 가지가 되어 참포도나무이신 그분께 끝까지 붙어 있으라.

주

part one.

1장.

1. George Lakeoff, Mark Johnson, *Metaphors We Live By* (1980; repr., Chicago: University of Chicago Press, 2003). 마크 존슨, 조지 레이코프, 《삶으로서의 은유》(박이정출판사 역간).

2. Emily Dickinson, 'Hope Is the Thing with Feathers', Public domain.

2장.

1. Kevin Leman, *Have a New Husband by Friday: How to Change His Attitude, Behavior, and Communication in Five Days* (Grand Rapids: Revell, 2009).

4장.

1. Brené Brown, *Atlas of the Heart* (New York : Random House, 2002), xxi, xxiii를 보라. "열받는다"(pissed off)란 표현을 사용한 것에 내 어머니에게 사과하고 싶다. 내 어머니라면 "빡치다"(ticked off)란 표현을 사용했을 것이다. 하지만 원문을 인용한 것이니 어쩔 수 없다. 사실을 밝히자면 브라운은 세 감정 중 하나에 대해 "분노하다"란 표현을 사용했다.

2. Associated Press, "Man Hits Woman on Way to Anger Control Class," *Today*, 2008년 3월 1일, www.today.com/id/wbna23421960.

3. Bob Merritt, "Ministry Meltdown," SmallGroups.com, *Christianity Today*, 3-6, https://cornerstonechurch.ca/wp-content/uploads/2020/09/Avoiding-Burnout.pdf.

4. Bob Merritt, "Ministry Meltdown,"*Christianity Today*, 6.

5. Bob Merritt, "Ministry Meltdown", *Leadership Journal*을 보라.

5장.

1. Suzanne Koven, "Busy Is the New Sick," *Boston Globe*, 2013년 7월 23일, http://archive.boston.com/lifestyle/health/blog/inpractice/2013/07/busy_is_the_new_sick.html.

2. *The Weight of Gold* (2020)에서 인용, Brett Rapkin 감독.

3. Joseph B. Verrengia, "American Families' Plight: Lives Structured to a Fault," *Seattle Times*, 2005년 3월 20일, www.seattletimes.com/nation-world/american-families-plight-lives-structured-to-a-fault.

6장.

1. Edward M. Hallowell, "Managing Toxic Worry," *Worry: Hope and Help for a Common Condition* (New York: Ballentine, 1997)에서 발췌, https://drhallowell.com/2018/01/31/managing-toxic-worry.

2. Robert L. Leahy, "The Age of Anxiety: Are We Born to Worry?" Heal Your Life, 2010년 5월 2일, www.healyourlife.com/the-age-of-anxiety.

3. Joseph A. Califano Jr., *High Society: How Substance Abuse Ravages America and What to Do about It* (New York: PublicAffairs, 2007), 1-2.

part two.

7장.

1. Laurie Pitts, "Kyle Martin Regrets Finishing Top of His Class and It Makes for the Best Valedictorian Speech," GodUpdates, 2020년 1월 29일, www.godupdates.com/kyle-martin-best-valedictorian-speech.

2. Henri J. M. Nouwen, *Lifesigns: Intimacy, Fecundity, and Ecstasy in Christian Perspective* (New York: Image, 1986), 51. 헨리 나우웬, 《두려움을 떠나 사랑의 집으로》(포이에마 역간).

3. Pitts, "Kyle Martin Regrets."

9장.

1. "Pruning the Vines," Matthiasson Wines, www.matthiasson.com/pruning-the-vines-our-favorite-time-of-year, 2022년 12월 16일 확인.

10장.

1. "The Pros and Cons of America's (Extreme) Individualism," *Freakonomics Radio*, 2021년 7월 21일, https://freakonomics.com/podcast/the-pros-and-cons-of-americas-extreme-individualism-ep-470-2를 보라.

2. "Geert Hofstede Cultural Dimensions: Individualism," *Clearly Cultural*, https://clearlycultural.com/geert-hofstede-cultural-dimensions/individualism, 2022년 12월 16일 확인.

3. Quentin Hardy, "The Rise of the Toilet Texter," *New York Times*, 2012년 1월 30일, https://archive.nytimes.com/bits.blogs.nytimes.com/2012/01/30/the-rise-of-the-toilet-texter.

4. Hal Niedzviecki, "Facebook in a Crowd," *New York Times*, 2008년 10월 7일, www.nytimes.com/2008/11/07/opinion/07iht-edniedzviecki.1.17624519.html.

5. Sherry Turkle, *Alone Together: Why We Expect More from Technology and Less from Each Other* (New York: Basic Books, 2012), 1. 셰리 터클, 《외로워지는 사람들》(청림출판 역간).

6. Katherine Hobson, "Feeling Lonely? Too Much Time on Social Media May Be Why," NPR, 2017년 3월 6일, www.npr.org/sections/health-shots/2017/03/06/518362255/feeling-lonely-too-much-time-on-social-media-may-be-why.

7. Eugene H. Peterson, *Christ Plays in Ten Thousand Places: A Conversation in Spiritual Theology* (Grand Rapids: Eerdmans, 2005), 226. 유진 피터슨, 《현실, 하나님의 세계》(IVP 역간).

11장.

1. Michael Reeves, "Suffering Taught Him to Look to Christ: Charles Spurgeon 1834-892," Desiring God, 2018년 10월 19일, www.desiringgod.org/articles/suffering-taught-him-to-look-to-christ.

2. C. H. Spurgeon, *Faith's Checkbook* (Christian Classics Ethereal Library), https://ccel.org/ccel/spurgeon/checkbook/checkbook.i.html, 2023년 1월 10일 확인.

3. Daisy Hernandez, "Wave Pool Suffers Huge Malfunction, Injures 44 People," *Popular Mechanics*, 2019년 8월 1일, www.popularmechanics.com/about/a28567877/wave-pool.

4. Sareen Habeshian, "Woman Wins $10M Lottery Jackpot after Accidentally Pushing Wrong Button," Nexstar Media Wire, 2022년 4월 6일, www.wkbn.com/news/national-world/woman-wins-10m-lottery-jackpot-after-accidentally-pushing-wrong-button.

5. John Ortberg, *The Me I Want to Be: Becoming God's Best Version of Yourself* (Grand Rapids: Zondervan, 2010), 232.

12장.

1. 이런 통계에 관한 정보를 원한다면 다음을 보라. Casey Phillips, "Pullin the Plug: Facing Overload, Many Social Media Users Take a Vacation," *Chattanooga Times Free Press*, 2014년 1월 5일, www.timesfreepress.com/news/2014/jan/05/breaking-ties; Athima Chansanchai, "Every Day the World Writes a '10 Million Page Book' in Tweets," NBC News: Tech News, 2011년 7월 1일, www.nbcnews.com/tech/tech-news/every-day-world-writes-10-million-page-book-tweets-flna122444; "Worldwide Texting Statistics," Vermont State Highway Safety Office, https://shso.vermont.gov/sites/ghsp/files/documents/Worldwide%20Texting%20Statistics.pdf, 2023년 1월 27일 확인; L. Ceci, "Hours of Video Uploaded to YouTube Every Minute 2007-020," Statista, 2023년 1월 9일, www.statista.com/statistics/259477/hours-of-video-uploaded-to-youtube-every-minute; Danny Sullivan, "Google Now Handles at Least 2 Trillion Searches per Year," Search Engine Land, 2016년 5월 24일, https://searchengineland.com/google-now-handles-2-999-trillion-searches-per-year-250247; MG Siegler, "Eric Schmidt: Every 2 Days We Create as Much Information as We Did up to 2003," TechCrunch, 2010년 8월 4일, https://techcrunch.com/2010/08/04/schmidt-data.

2. Elle Hunt, "One Ping after Another: How Constant Notifications Are

Driving Us Crazy," *Guardian*, 2020년 1월 27일, www.theguardian.com/
lifeandstyle/2020/jan/27/one-ping-after-another-how-constant-notifications-
are-driving-us-to-distraction.

3. Mike Moffitt, "Calif. Mom Crushed to Learn Plant She Watered for 2 Years
Is Fake," SFGate, 2020년 3월 4일, www.sfgate.com/bayarea/article/SAHM-
mom-waters-fake-plant-succulent-15105213.php.